ホワイト企業

サービス業化する日本の人材育成戦略

高橋俊介
Takahashi Shunsuke

PHP新書

ホワイト企業
サービス業化する日本の人材育成戦略
目次

序章 ブラック企業vsホワイト企業

第I部 なぜ日本では二十代が育たないのか

第1章 これまでの人材育成は通じない

第2章　サービス業化した日本の課題

第3章　日本的発想からの脱却がホワイト企業をつくる

第II部　会社を変える人材育成戦略

第4章　人材育成力を高める取り組み

第5章 ホワイト企業の条件

第6章 社会として何ができるのか

おわりに

序章

ブラック企業VSホワイト企業

二十代キャリアの質が低下した

雇用問題を考える場合、失業率に代表される「量的な側面」はもちろん重要ですが、それに加えて「質の問題」が非常に重要な概念になります。

質とは、簡単にいえば「働きやすさ」と「働きがい」の両側面。さらにいえば、働きがいのなかでも、仕事を通じて働く人が成長すること。つまり、「就労経験を通じての成長」が雇用の質として非常に重要となります。

とくに若年層の初期キャリアにおける成長という意味で、雇用の質は、長期的な影響をもたらします。若年者が三十代、四十代、五十代になったときの産業や地域、そして国の将来の成長に大きな影響を与えるのです。

雇用の質が高くないと、将来的に産業の成長や、働く人の長期的なキャリア形成にも問題が生じてしまう。二十代の初期キャリアにおける働きがいは、キャリア形成に大きな影響を与え、生涯年収や人生に対する満足度にも大きくかかわります。

問題は、日本の雇用の質が、とくに初期キャリアの質が確実に劣化してきていること。これはボディブローのように長期的に打撃を与える深刻な問題でしょう。

雇用の質が劣化した大きな原因は、日本経済のサービス産業化と、戦後の成長を支えた輸出型製造業がグローバル競争や技術革新によって想定外の変化を遂《と》げたことにあります。

まず、サービス産業化は先進国に共通する傾向ですが、日本の場合、サービス業の雇用の質に特有の問題があります。

たとえば製造業対サービス業、大手企業対中堅・中小企業を比較すると、雇用の質の違いが大きい。製造業とサービス業では、サービス業のほうが賃金が低いし、大手企業と中堅・中小企業では、企業規模による賃金の差が大きくなるのです。

また、離職率にも差が出ます。大卒と高卒の新卒者で、三年以内の離職率に顕著な差がありました。そういった点を含めて、日本は製造業に比べてサービス業の、大手企業に比べて中堅・中小企業の、雇用の質が低いのです。

こうした点は他国と比べた日本の特異性で、これによって雇用の質の問題が深刻になりやすいという背景があります。

もう一つの背景に、製造業における日本型人材育成の特殊性があります。いわゆる組織内の伝承型OJT（オン・ザ・ジョブ・トレーニング）が非常に強く、その代わりにそれ以外のものが弱いといった問題です。

日本では、製造業における人材育成が、あまりにも日本的な素晴らしいかたちで機能してきましたが、逆にいえば海外と比べて非常に異質な発展を遂げてきました。さらに、サービス業や中堅・中小企業の雇用の質が低いという問題を抱えたまま、企業はサービス業化しています。

本書では、サービス業化する日本企業の雇用の質、なかでも働きがいについて取り上げます。そして、とくに重要視すべき若年層の初期キャリアにおける成長をどのように考えるべきか、それを各企業、あるいは社会全体としてどのように改善していくべきかについて、私がかかわっている活動を含めて整理しました。

なぜ若者は育たなくなったのか

日本企業は、これまで人材育成を企業内のOJTに大きく頼ってきました。輸出型製造業の大手企業に代表される、戦後日本の高度経済成長を支えた人材たちが、まさにその強みゆえに国際的にも強い競争力を構築してきたのは事実です。

しかし最近は、日本企業の人材育成力が低下しているという話をよく聞きます。

日本はトップ経営者が強いリーダーシップをとる「トップダウン」より、中間層の強みが持ち味の「ミドルアップダウン」型だったといいます。このミドルアップダウンという形態は、ミドルが「こうやるべきだ」と発案し、それをトップに上げて、トップが「やろう」と意思決定すると全社で動くというスタイルです。トップが発案して「やれ」と命じるよりも、ミドルアップダウンのほうが中間層の厚みがあり、能力が高いので、パフォーマンスが高くなるというわけです。

日本は本来、決して強くはなかった経営リーダーの育成に一九九〇年代から取り組んでいましたが、はや二十一世紀になってしまいました。そもそも経営リーダーを育てる以前に、いまのミドルがうまく育っていません。とくにバブル入社世代がミドルになり、その頼りなさに日本企業の危機感が強まっています。

ミドルには若手を育てる役割があります。そのミドルが育っていないのですから、当然ながら若手も育ちません。一方で、若手社員を使い捨てにするブラック企業の問題が最近、ネット上でも飛び交っています。

日本企業の組織における人材育成力が、なぜこれほど劣化してきているのか、その背景には大きく五つの要素があります。

①競争環境が厳しくなり、人材育成に時間とお金をかける余裕がなくなった。

しかし、これだけなら欧米企業にとっても同じ。事実、欧米企業でも目先の経営効率に振りまわされ、人材育成に投資をしなくなっている企業も少なからずあるという報告も見受けられる。

②仕事内容が変化した。

たとえば、チャレンジングな仕事を若手に失敗覚悟で思いきって任せにくい。以前に比べて機械の故障やトラブルが起きにくくなったため、現場での経験から学べない。間接業務を一カ所に集約しコストの低減をはかるシェアードサービスや、業務を外部委託するＢＰＯ（ビジネス・プロセス・アウトソーシング）などで効率を追い求め、仕事が細分化されたため、仕事の前後や全体像を理解できない。仕事内容やビジネスモデルの変化が激しく、上司や先輩が教えられない。

これらは日本だけの問題ではない部分もあるが、タテ型ＯＪＴが機能しにくくなっていることが、日本にはより不利にはたらいている。

③職場環境が変化した。

みんなが黙ってパソコンに向かって仕事をしているので、仕事が「見えない化」している。以前は、先輩が電話で話す声が聞こえ、仕事が「見える化」していた。大部屋のワイワイガヤガヤした雰囲気のなかで若手は育っていった。いまは仕事がタコつぼ化し、一人で仕事を抱え込み、若手が悩んでいても、周りが気づきにくくなっている。先輩の背中を見て学ぼうにも、背中だけを見ていては学べない環境になった。大きな要因の一つはＩＴ化。組織のなかで人が育つという機能が劣化した。

④若者自身が変化している。

いわゆる社会性が低下している。ここでいう社会性とは、初めて会った多様な人たちと短時間のうちに良好な人間関係をつくるといった能力で、たんなるコミュニケーション能力だけでなく、それによって関係性を構築する能力のこと。

また、「答え教えて症候群」ともいうべき正解思考、功利的思考が強まっている。まわり道をしたくない、損をしたくないという思考だ。インドのＩＴ企業でも、ＩＴ技術者の社会性が低下しているらしい。しかし、世代間のタテ型ＯＪＴやチームワークを売りにしてきた日本はより深刻だ。

⑤産業構造が変化している。

もう一つ、大きな問題は産業構造の変化。さらにいえば、先進国共通の特徴であるサービス業化だ。二〇〇〇年四月に導入された介護保険の支えもあって、二十一世紀になって日本でもっとも雇用を創出した産業は介護福祉である。加えて、製造業として括《くく》られる業界や、IT業界がサービス業化している。

本書で取り上げたい課題は、まさにこの五番目です。

大手の輸出型製造業の対極にある中堅・中小企業、新興企業の多いサービス業、あるいはサービス業化した業界における人材育成能力の向上は、いま、日本全体の大きな課題だと私は考えています。そこに、一番目から四番目の課題がさらに重なってくるのです。

たとえば一九九〇年代、IT業界では「ソリューション」という言葉がキーワードになりましたが、日本企業の多くはこれをプロフェッショナル的なサービス業と捉え、人材育成と人材確保の変革をはからなかったため、大きく後れをとりました。産業構造の変化に対応した人材像の人材マネジメントの転換に失敗したともいえます。

ＯＪＴがうまくいかないからブラック企業が生まれる

一方で、中堅・中小企業や成長著しい新興企業において、輸出型製造業である大手企業の考え方や手法がそのままではなじまないことはわかっていても、それに代わる新しい人材育成の手法は、いまだに未整備のままです。そういった企業の一部が、「ブラック企業」と呼ばれるようになっています。

中堅・中小企業や新興企業は、新しいことをどんどんやる必要があるので、上司はやったことのない仕事を部下にやらせなければならない。たとえば、携帯ゲームを開発している会社だとすると、新卒で入ってくる一年目、二年目の社員は、携帯ゲームについて非常に詳しいでしょう。とはいえ、新人をいきなり管理職にはできないので、管理職をほかの成熟した業界から中途採用で雇ったりします。そうすると、中途採用で入ってきた上司は、マネジメントについてはわかっているが、携帯ゲームの内容についてはまったくわからず、その仕事を自分よりも圧倒的に詳しい新人の部下にやらせることになります。

このような状況は、従来、日本における輸出型製造業の大企業では起こりませんでした。

当然ですが、従来のタテ型伝承型ＯＪＴはまったく機能しない。いろいろな企業で上司と部下のあいだに軋轢《あつれき》が生じ、どうやって若手社員をマネジメントして育てていくかが大きな問題となっています。

結果として、「いまの若い連中は何だ。俺のいうことを全然聞かない」と嫌になって辞めてしまう中間管理職が増えている。一方で、「中身もわからないくせに、口だけ出して偉そうにする管理職なんかの下で仕事をしていられない」と辞めてしまう若手社員も増えています。そうして離職率はどんどん上がっていく。この背景には、若者の功利的思考もあるでしょう。つまり、無駄なことはしたくないし、まわり道もしたくはないのです。

私の理解では、ブラックと呼ばれる企業のなかには、確信犯的に「人は使い捨てでいい」という企業もそれなりに存在しますが、多くの場合、経営者や幹部が人材育成は重要だと思うものの、「具体的にどうしていいかわからない」という企業が、結果的にブラック企業に見えるというケースのほうがむしろ多いと考えています。

「働きやすさ」より「働きがい」

ブラック企業が人を使い捨てにする企業とすれば、ホワイト企業とは初期キャリアにおいて若者を成長させる企業、働きがいのある企業、さらには社会における雇用の質を向上させる企業といえるでしょう。

ホワイト企業を、たんに離職率が低い企業、働きやすい企業と考えるのは、大きな誤りなのです。なぜならそういう企業には、のちに詳しく述べますが、人材滞留企業が少なからず含まれるからです。

こうした企業は、いまはよくても大きな変化には耐えられません。企業が崩壊したのち、社員が社会に放り出されると、じつは生きていく力がついていなかったという恐ろしい状態になりかねません。

とくにキャリア初期の二十代においては、働きやすさ以上に働きがいが重要なのです。働きやすさは、企業の人事制度や離職率など客観的情報で測りやすいため、世の中にはこちらに偏ったランキングが出やすいのですが、ほんとうの意味での働きがいはそういう外形的基準では測れません。

真のホワイト企業とは、若者を成長させ、変化の激しい時代において雇用の質を向上させる企業であり、そのような企業が、組織としてどんなことに取り組んでいるのか、それを重視しなければ浮かび上がってはこないのです。

「人を大切にする企業」をアピールする会社がありますが、経営者や経営幹部が「人を大切にする企業」の心温まる話を講演で聞いて、「いい話だなあ」と満足して帰るだけでは、自社は何も変わりません。「人を大切にする企業」のなかにもいろいろあります。ラッキーなことに商品の希少性などによって、結果的に人を大切にする余裕が生まれているようなニッチ企業もある。そんな企業の話を聞いても、多くの中堅・中小企業には役に立ちません。

重要なのは、「人を大切にする経営」が結果なのか原因なのか、ということ。商品の優位性や経営者の才覚などで儲《もう》かるようになった企業が、結果として雇用の量を増やし、働きやすさを向上させるのは、「パイの分け方の問題」としての「人を大切にする経営」です。

一方で、人の生み出す価値に基軸を置いた経営では、働きがいをつくることが価値創造、ひいては企業の成長や利益につながります。それが原因になって、雇用の量や働きやすさにつながる。「パイのつくり方の問題」としての「人を大切にする経営」です。

仕事の内容が単純な場合は、ある程度のスキルさえあれば、あとはモチベーションしだいで成果は上がるでしょう。しかし、仕事が複雑化・高度化すると、モチベーションの有無に関係なく、「どうしたらいいのかわからない」状態になってしまう。そこで必要なのは、働きやすさがもたらす社員のモチベーションではなく、人材育成と成長を通じての働きがいです。

サービス業のビジネスモデルも高度化してきており、多様で個別性のある顧客に対応するための応用力と、より高い専門性が求められています。

中堅・中小企業でも、経営者は心温まる話を聞いて自己満足している暇はありません。企業としての独自性を考え、価格競争に巻き込まれない価値や、社員が育つ会社をつくらなくてはならない。

もちろん、前述の一番目から四番目の問題も重層的に重なっており、それぞれに別の解があるわけではありませんが、本書ではとくにサービス業、あるいはサービス業化した業務における新しい時代の企業内人材育成を、中堅・中小企業、新興企業も十分念頭に置きながら考えていきます。

注目すべき沖縄の状況

私はここ数年、沖縄での活動に時間を割いています。

「県内企業雇用環境改善支援事業」は、二〇一二年度からスタートしました。一括交付金を活用し、「慶應義塾大学SFC研究所キャリア・リソース・ラボラトリ」（以降、ラボ）と沖縄のＮＰＯ人財クラスタ研究会、株式会社海邦総研とのコンソーシアムで受託しています。

この事業は、私が構想し、那覇シティキャンパス（略称：ＮＣＣ）として沖縄で実験的に立ち上げたものが発端です。略称のＮＣＣは、社会人教育の拠点である慶應丸の内シティキャンパスの「ＭＣＣ」をもじって名づけました。沖縄教育出版の川畑保夫会長（当時、社長）ら、沖縄の企業の経営者数人のご理解と協賛金をいただいてスタートしました。

東京から、最先端の講師にタダ同然の講師料で沖縄にお越しいただき、百時間近くに及ぶ講座によって人材育成のプロを育てるプロジェクトです。受講生は二〇名程度で、受講料もいただきます。これを私が個人的に立ち上げました。

その際に、海邦総研には場所を貸していただくなどさまざまな支援を受け、多くの人がボランティアでかかわってくださいました。

これが基本的なアイデアとなり、さらには実績も示したことで、沖縄県の方からも、「もっと大きいことをやりましょう。ぜひ県の事業として来年以降の一括交付金でやりたい」と提案され、事業が二〇一二年から始まったのです。

沖縄には、製造業は食品など一部の内需型産業しか存在しません。その沖縄で、いま、雇用の伸びを支えているのは、介護福祉や観光、そしてシェアードサービスやＢＰＯなどのサービスITです。

たとえば、この十年ほどで、コールセンターやシェアードサービスだけで三万人近くの雇用が新たに生まれています。沖縄の人口は約一四〇万人で、就労人口は七十数万人ですから、三万人近い新たな雇用を生み出すのは、大変なことです。

もちろん観光は沖縄にとってきわめて重要な産業であり、いまも伸びています。介護福祉は日本中で需要が拡大していますが、沖縄はとくに人口比率から見ても介護福祉の分野で働く人の割合が高い。

こうしたサービス業の拡大を理由に、私は沖縄に注目しています。

ヤマトの「うちなー化」

そもそもなぜ、私はサービス業に関心があるのか。

私自身のキャリアから説明しますと、鉄道（日本国有鉄道）とコンサルティング（マッキンゼー・アンド・カンパニー）などといった、まったく異なっていながら、どちらもサービス業である仕事を経験してきたことが大きい。そこでの経験をベースに、人材マネジメントの世界に入ったこともあり、製造業での勤務経験はありません。そのため、いままでおつきあいしてきた会社はサービス業、または製造業のなかでもサービス的付加価値が重要な、いわばサービス業的製造業が圧倒的に多かったのです。

そうした経歴から、日本のサービス業をなんとかしなければならない、という問題意識を私自身がずっと抱えてきました。

では次に、なぜ沖縄なのか。

個人的な沖縄好きが高じて、沖縄のために何か貢献できないかと考えるようになった面もあります。詳しくはあとの章で述べますが、沖縄は、ヤマト（江戸時代までの琉球王国を含まない日本）の農本主義と日本型儒教による影響が、現在の日本で唯一少ない地域です。

たとえば結婚式の最前列の中央のテーブルは、内地の場合はふつう、会社の一番偉い人が座る席になっていますが、沖縄では両親の席です。両親の隣のテーブルには、親の次に血の濃い順に親戚が座ります。一方、会社の偉い人たちは、最前列から少し離れたテーブルです。

これはむしろ台湾や中国の結婚式に近い。いわゆる日本型儒教の影響が少ないので、本来の儒教の姿、要するに雇い主より親を大切にするという考え方が、強く残っているともいえます。

沖縄は、明治以降の皇民化政策の影響は受けたものの、戦後、米国支配のあいだに高度成長時代を経験していません。つまり、産業構造が圧倒的にサービス業に偏っているだけでなく、戦後の輸出型製造業を支えた仕事観が、良くも悪くも、もっとも希薄な地域。そして、これからの日本を支える新しいサービス業が伸びている地域なのです。

一方で、失業率は若年者失業率も含めて日本一です。しかしながら、都道府県別での出生率は日本一。自然増に加えて、最近は社会増もプラスになっています。若者が増えているのです。若年者失業率が日本一でも、非常に若者が多く、彼らは地元志向が強くて県外に出たがらない。過疎化とは無縁な地域です。

これはある意味、日本の雇用の課題を沖縄が先取りしているのではないでしょうか。私はこの現象を、ヤマトの「うちなー化」と呼んでいます。

沖縄の人は、沖縄のことを「うちなー」といいます。少し解説すると、沖縄の古い言葉は、日本の平安時代の平仮名と共通していて、琉球王国の時代も公文書は平仮名でした。だから平仮名がそのまま残っていて、母音が三母音の時代の影響を受けている。昔は「あ」「い」「う」「え」「お」の、「え」と「お」が、「い」と「う」でした。「お」が「う」になるから、「おきなわ」が「うちなー」なのです。

これからの人材育成企業のかたち

さて、沖縄には「周回遅れのトップランナー」という、半ば自嘲《じちょう》気味の言葉があります。高度成長を経験していない地域の居直りのようにも聞こえますが、私はこれを「周回飛ばしのトップランナー」といいかえています。

沖縄では、サービス業は雇用の質が低く、望ましくない仕事と見る傾向が親世代に根強い。とくに、観光やITに対しては、「使い捨てになるからやめなさい」といいます。では親世代が望む職業は何かというと、公務員です。雇用の質が高いとされた輸出型製造業の大手企業が存在しない沖縄では、勢い、親の影響を強く受けた公務員志向が突出しました。いまの日本の矛盾が、端的なかたちで沖縄に出ているともいえます。

働く意味を積極的に捉える若者のキャリア教育、地域の意識改革が、一九九八年度から沖縄県の雇用政策の一環として取り組まれてきました。

沖縄のサービス業はとくに中小企業が多い。また日本型儒教の影響が少なく、本来の儒教の姿が残っていて、「忠」と「孝」の意図的逆転の歴史がない。つまり、会社に対する忠誠心より、家への忠誠心、親孝行のほうを優先します。そのため、オーナー経営者の企業では人材使い捨ての傾向があるといわれます。オーナー一族でないかぎり出世できないし、オーナーが気に食わなければ管理職や幹部でも突然、クビになることさえあるからです。

会社の都合より家の都合を優先し、家の行事を会社の繁忙期よりも重視する。とくに本家の長男にはそれが強く、内地の人に比べると会社への求心力が弱い。

それが逆に、開業率が日本でも最高レベルという結果になっています。つまり「鶏口となるも牛後となるなかれ」で、人に使われてしまったら終わりという気持ちが、良くも悪くも強い。また、サービス業は製造業と違って、起業も廃業もしやすい面があるのでしょう。開業率は日本一ですが、廃業率も高くなっています。

ある意味、輸出型製造業の文化が弱い地域である沖縄で、サービス業における中堅・中小企業の人材育成や人材マネジメントにおける日本の現在の課題が、もっとも先鋭的に出てきているともいえるでしょう。

沖縄にかぎらず、中堅・中小のサービス業のなかから、新しい人材育成企業や働きがいのある会社が多く出てくるようになれば、日本全体への波及効果も期待できると私は考えました。今後、日本全体が沖縄のようになっていくと予測しています。製造業がほとんどなくなり、サービス業化していくのです。

これまでの日本の輸出型製造業を支えてきたのは、会社に対する忠誠心でした。会社の命令なら何でも聞いて、残業、休日出勤、転勤も厭《いと》わず、定年まで滅私《めっし》奉公をする。

しかし、こうした働き方は、日本の若者のあいだで薄れつつあります。そしてサービス業が増えてきている。サービス業は、系列ではなく独立系の中堅・中小企業が多いため、当然、その比率は増えていくでしょう。

そう考えると、いま、沖縄が悩んでいる課題こそが、ヤマト全体の課題になっていくのです。だからこそ、私は沖縄を研究し、沖縄で新しい試みをすることが、日本全体にとっても有益だと考えています。

そこで、サービス業における中堅・中小企業中心の沖縄の雇用の質、雇用環境を改善するために、大企業輸出型製造業のコピーではない、人材育成企業の要件を整理しました。さらに、企業内で人材育成を推進するプロを養成するための講座を実施したのですが、その過程で内地の先進事例の調査を含めた、さまざまな研究の取り組みから、多くのヒントを得ることができました。

「イノベーションや大きな変化はいつも辺境から起きる」といいます。沖縄は「ヤマト」を中心に見れば辺境ですが、アジア全体から見れば「鍵石」（キーストーン）と呼ばれます。沖縄が鍵石だからこそ、米軍は沖縄に基地をもっていたがるのです。ＡＮＡ（全日本空輸）は貨物ターミナルの集積地を沖縄に置いて、日本中から沖縄に貨物を集約させ、そこでいったん積み替えてから、アジア各地に飛ばしています。それだけ重要な戦略拠点なのです。

アジア全体から見れば、まさに沖縄が中心で、アジアの多様な要素に影響を及ぼします。むしろ沖縄のほうが、日本のほかの地域より、地理的にも文化的にもグローバルに近いともいえる。

いま、日本型の輸出型製造業をベースにした強みがなくなっているなかで、中堅・中小のサービス業にも適用可能な、新しいかたちの人材育成を模索している沖縄は、まさに「周回飛ばしのトップランナー」として非常に面白い位置に立っているのではないでしょうか。

長い農本主義と、輸出型製造業主導の高度成長の蓄積から日本でもっとも解き放たれている地、沖縄。私がサービス業の未来について、この場所で考えはじめたのは、偶然ではないと感じています。

第I部 なぜ日本では二十代が育たないのか

第1章 これまでの人材育成は通じない

企業のサービス業化が進んでいる

ホワイト企業について考える前に、日本の産業構造の現状を見てみましょう。

日本の産業がサービス業化しているのはいうまでもない事実で、それは今後ますます進んでいきます。

「平成24年経済センサス」によると、二〇〇九〜一二年のあいだに従業員数が増えた産業は、「医療、福祉」のみで一一・一パーセントの大幅増（図表1）。「医療、福祉」以外はすべてマイナスで、「製造業」はマイナス四・一パーセントです。介護保険が雇用を生み出しており、高齢化はさらに進むので、まだまだ増えていく可能性があります。

ＩＴ関連では、ＳａａＳ（サース：Software as a Service）、クラウド、シェアードサービス、ＢＰＯなど、ＩＴそのものをつくるというよりも、ＩＴを使ったサービス産業がますます進展するでしょう。

観光とクールジャパンは、いまや国をあげての政策で、円安が定着すれば日本への観光客はもっと増えるに違いありません。

「経済センサス」の従業者数構成比を見ると、日本はすでに、製造業の従業者が一六・七パ

図表1　産業大分類別従業者数

産業大分類	従業者数			
	2009年（人）	2012年（人）	増減率（%）	合計に占める割合（%）
合計	58,442,129	56,324,082	▲3.6	100.0
農林漁業（個人経営を除く）	377,595	350,347	▲7.2	0.6
鉱業、採石業、砂利採取業	30,684	23,518	▲23.4	0.0
建設業	4,320,444	3,926,854	▲9.1	7.0
製造業	9,826,839	9,421,840	▲4.1	16.7
電気・ガス・熱供給・水道業	210,533	203,980	▲3.1	0.4
情報通信業	1,724,414	1,677,253	▲2.7	3.0
運輸業、郵便業	3,571,963	3,311,071	▲7.3	5.9
卸売業、小売業	12,695,832	11,983,742	▲5.6	21.3
金融業、保険業	1,587,909	1,561,953	▲1.6	2.8
不動産業、物品賃貸業	1,546,688	1,475,150	▲4.6	2.6
学術研究、専門・技術サービス業	1,781,721	1,587,833	▲10.9	2.8
宿泊業、飲食サービス業	5,700,699	5,419,088	▲4.9	9.6
生活関連サービス業、娯楽業	2,713,386	2,509,998	▲7.5	4.5
教育、学習支援業	1,725,610	1,723,614	▲0.1	3.1
医療、福祉	5,629,966	6,254,178	11.1	11.1
複合サービス事業	406,920	349,380	▲14.1	0.6
サービス業（ほかに分類されないもの）	4,590,926	4,544,283	▲1.0	8.1

出所：総務省・経済産業省「平成24年経済センサス-活動調査」（速報値）

図表2　産業大分類別従業者数の構成比

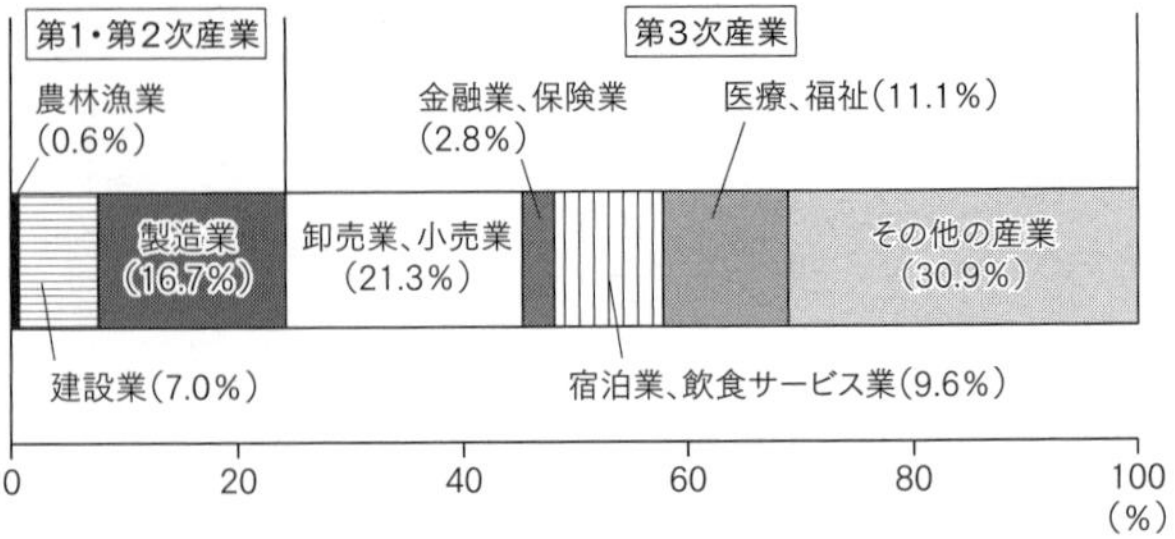

＊「その他の産業」は、日本標準産業分類における大分類「鉱業、採石業、砂利採取業」「電気・ガス・熱供給・水道業」「情報通信業」「運輸業、郵便業」「不動産業、物品賃貸業」「学術研究、専門・技術サービス業」「生活関連サービス業、娯楽業」「教育、学習支援業」「複合サービス事業」および「サービス業(ほかに分類されないもの)」の合計である

出所：総務省・経済産業省「平成24年経済センサス－活動調査」(速報値)

ーセントで、圧倒的にサービス業従業者が多い(図表2)。

独立行政法人労働政策研究・研修機構の『データブック国際労働比較』二〇一二年版によると、これは先進国共通の特徴のようです(図表3)。日本だけでなく、米国、カナダ、英国も同じ。一方で、タイ、インドネシア、フィリピンなどは、まだまだ製造業の割合が高くなっています。

ここまではよく知られた事実や認識ですが、問題はここからです。日本におけるサービス業の労働生産性は、二十一世紀に入ってから向上していないどころか、マイナスになっています(図表4)。一方、製造業は二十一世紀になってからも向上している。

日本は製造業での生産性向上を通じて高度経済

図表3　世界の就業者数の産業別構成比(2010年)

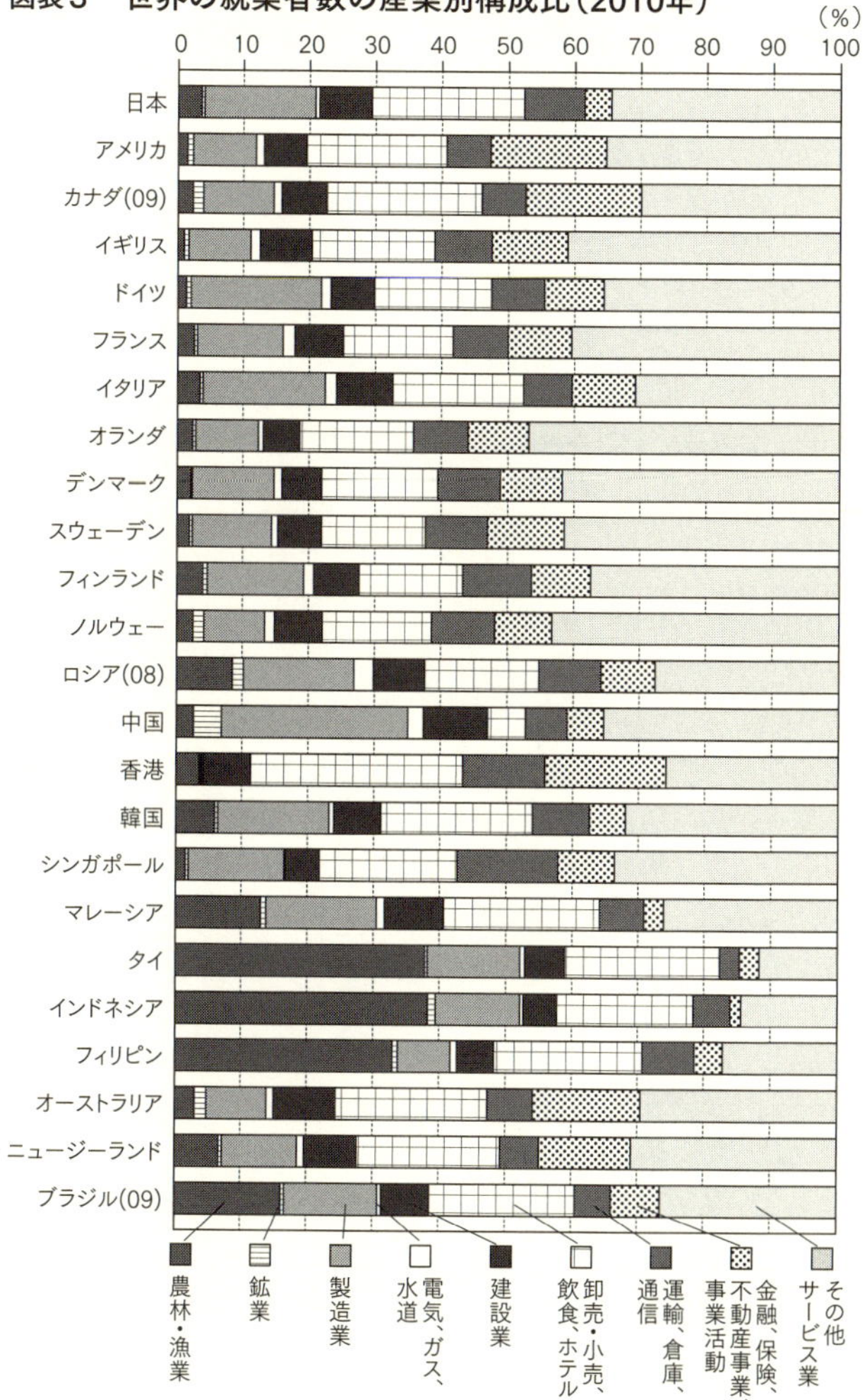

出所：(独)労働政策研究・研修機構『データブック 国際労働比較』2012年

図表４　産業別労働生産性の変化

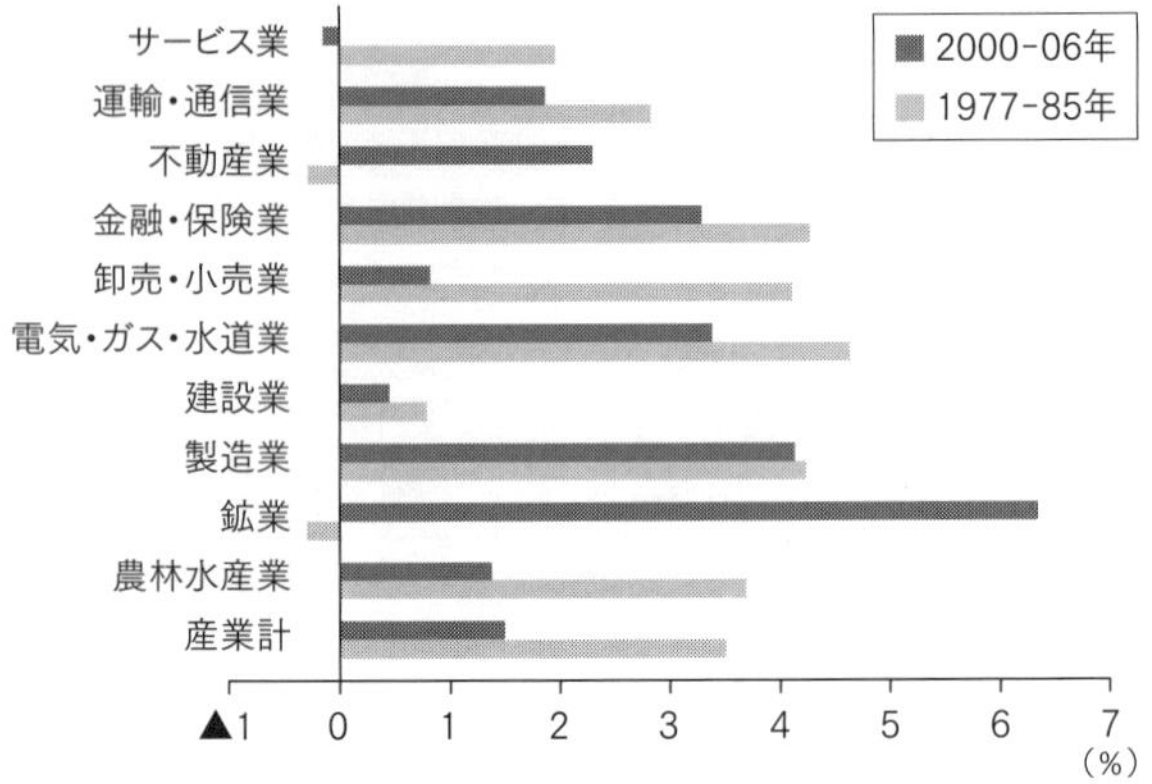

資料：内閣府「国民経済計算年報」
出所：（株）日本総合研究所 調査部 ビジネス戦略研究センター「産業別国際比較からみたわが国の労働生産性低迷の要因分析」

成長を実現し、名実ともに世界の先進主要国となりました。

しかし、産業構造の変化は世界的に見ても不可避であるにもかかわらず、サービス業の生産性は低いままです。

賃金格差が生じる理由

もう一つの問題は、製造業と比較して、サービス業は雇用の質が低いということ。具体的には、非正規社員の比率が高いのです（図表5）。

宿泊業や飲食サービス業、生活関連サービス、娯楽業は正社員比率が非常に低くなっています。製造業の正社員比率は七四・九パーセント、宿泊業、飲食サービス業は二一・六

図表5　産業ごとの正社員・正職員及びそれ以外の雇用者の構成比

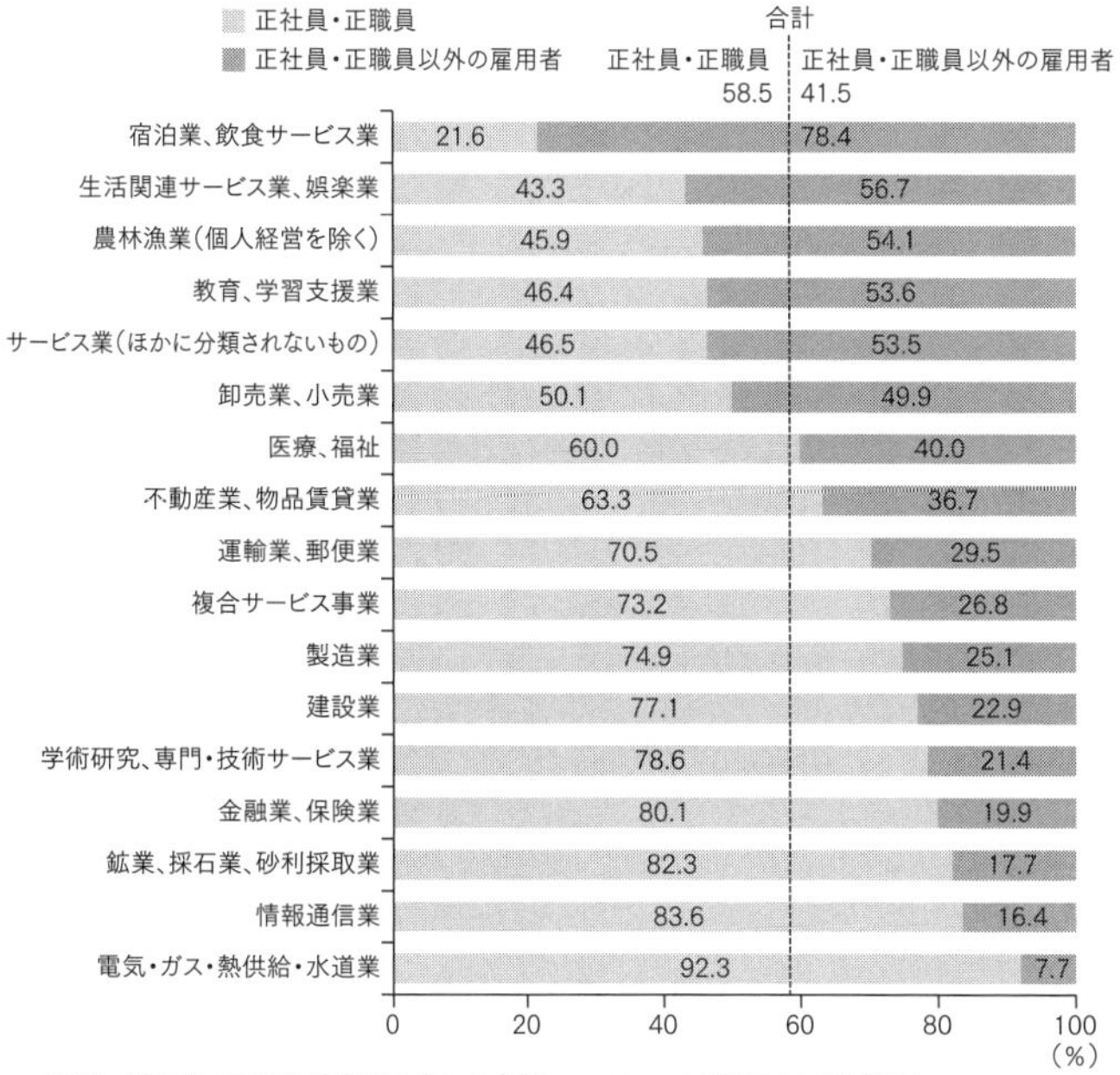

出所：総務省・経済産業省「平成24年経済センサス－活動調査」（速報値）

パーセント。産業として、サービス業はもともと正社員の比率が低い。それもあって、賃金などの労働条件が悪くなっています。

しかし海外の国、なかでも欧州と比較すると、たとえば短時間労働者の割合は、日本がとくに高いわけではないとわかります（図表6）。米国は日本よりも低いですが、欧州とさほど変わりません。

短時間労働者の割合が高いから、賃金が低いという

図表6　就業者に占める短時間労働者の割合（2010年）

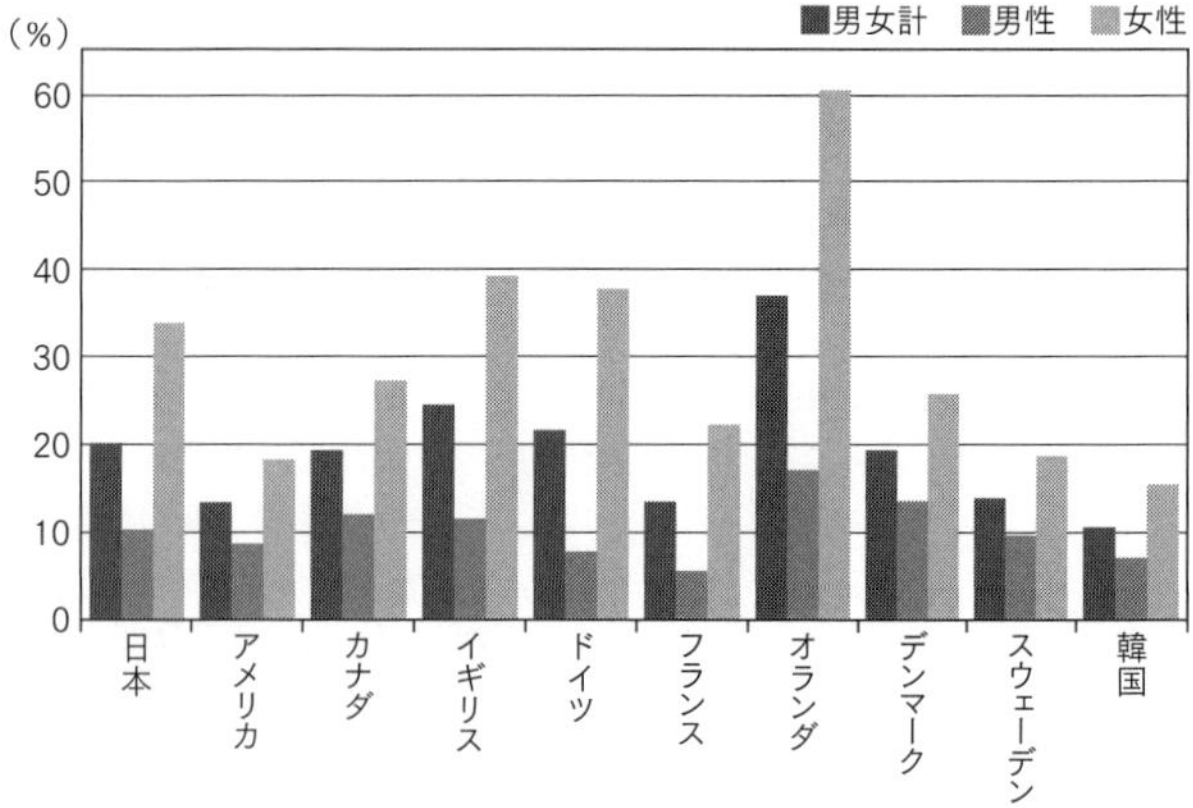

出所：（独）労働政策研究・研修機構『データブック 国際労働比較』2012年

話ではないのです。「フルタイム労働者に対するパートタイム労働者の賃金水準」を比較すると、短時間労働者の賃金水準は、米国以外、欧州と比べて日本は明らかに低く、オランダは八五・三パーセント、フランスは八八・二パーセントとなっ

図表7　フルタイム労働者に対するパートタイム労働者の賃金水準

国　名	賃金水準（%）
日本	55.9
アメリカ	30.7
イギリス	71.7
ドイツ	82.1
フランス	88.2
イタリア	75.4
オランダ	85.3
デンマーク	81.3
スウェーデン	83.4

＊ パートタイム・時間当たり賃金のフルタイム・時間当たり賃金（所定内給与）に対する割合
＊ 日本、アメリカ、イギリスは2010年、その他は2006年の数値
出所：総務省・経済産業省「平成24年経済センサス－活動調査」（速報値）

ています（図表7）。

注意しなければならないのは、女性のパートタイム比率が非常に高いオランダでは、「パートタイムだが期限に定めのない雇用者」が少なくないこと。正社員が「パートタイムで何年か働きたい」「時間を制限して働きたい」と申請した場合、理由の如何《いかん》を問わず、企業側は拒否できないという法律があります。たとえば子育てに時間を割いたり、学校に行ったりするために、正社員がしばらくのあいだパートタイムで働くケースが非常に多い。

非正規主体のサービス業において、生産性が低いので賃金が低いのか、低い賃金で人を雇えるから生産性が上がらないのか、このあたりの因果関係はわかりませんが、日本特有の問題がありそうです。

もう一つの側面が、サービス業は大規模な運輸業などを除いて、中堅・中小企業が多いということ。日本の生産性を引っ張ってきたのは、まぎれもなく輸出型製造業の大企業です。サービス業の雇用の質の問題は、業種ばかりでなく、企業規模も関係しているのではないでしょうか。

全産業での企業規模別賃金格差を見ると、日本は極端に企業規模で賃金が異なる国です（図表8）。これは企業規模による生産性の違いが反映されています。一〇〇〇人以上の企業

図表8　規模間賃金格差（産業計）

（1,000人以上＝100）

国　名	企業規模（人）					
	計(5〜)	5〜29	30〜99	100〜499	500〜999	1,000〜
日　本	63.8	51.2	61.9	75.6	86.1	100.0
（製造業）	(69.0)	(50.2)	(56.8)	(74.4)	(86.6)	(100.0)
	1〜9	10〜49	50〜249	250〜499	500〜999	1,000〜
アメリカ	56.6	70.4	76.2	80.0	84.7	100.0
（製造業）	(55.3)	(64.5)	(69.7)	(74.7)	(80.2)	(100.0)
イギリス	84.3	93.0	102.0	104.8	109.0	100.0
ドイツ	64.2	68.8	75.9	82.8	91.1	100.0
フランス	−	85.2	89.4	96.8	98.4	100.0
イタリア	−	72.5	83.3	89.5	96.7	100.0
スウェーデン	−	100.6	102.8	106.7	104.7	100.0

＊ 規模区分は日本とアメリカは事業所規模で、EUは企業規模
＊ 日本は常用労働者の現金給与総額、EU各国は月間平均賃金総額、アメリカは年間給与総額を雇用者数で除したものからそれぞれ指数を作成
＊ 日本の産業計は、調査産業計（非農林漁業）。アメリカの産業計の値は、入手可能な産業（鉱業、原油・ガス・天然資源、建設業、製造業）の数値を集計して作成
＊ 日本は2010年、アメリカは2007年、その他は2006年の数値

出所：（独）労働政策研究・研修機構『データブック 国際労働比較』2012年

規模での賃金を一〇〇とした場合、日本は五〜二九人の規模で五一・二と、約半分です。

一方、スウェーデンは企業規模による賃金の差はほとんどありません。米国を除いたほかの欧州各国も、小規模だからといって必ずしも賃金が低いわけではない。

ここまで差が開くのは日本の特徴でしょう。日本だけ、パートタイム比率が極端に高いわけではありません。パートタイムとフルタイムの賃金格差が非常に大きいことと、企業規模によって賃金格差が非常に大きいこと。この二つが、日本のサービス業の労働条件

を悪くしている可能性があります。

この背景には、優秀な人材の大企業志向と、企業規模賃金構造との連鎖のようなものがあったのかもしれません。つまり、大企業のほうが賃金も高くて安定していると思われてきたので、どうしても優秀な人間が集まる。だから、ますます生産性が上がり、その結果、賃金も高くなっていくのです。少なくとも、これまではそうだった可能性があります。

やりがいを見出せない二十代が辞めていく

雇用の質のもう一つの重要な部分が、正社員の初期キャリア形成です。つまり、仕事人生における重要なスタート時期に、キャリアの基礎となる良質な仕事経験ができるかどうか。たんに賃金水準が高ければ雇用の質が高まるわけではないし、もちろん、使い捨てであってはならない。

経済学者で東京大学教授の玄田有史氏らによれば、「最初の三年」で、仕事が自分に向いているという「適職感覚」をもち、仕事にやりがいを見出すことができた人は、やりがいを見出すことができなかった人よりも、就業を続けている可能性が高く、所得も高くなる傾向があるといいます（佐藤博樹編著『働くことと学ぶこと』ミネルヴァ書房）。

最初の数年で成長し、自分でもその実感があるなど、いいキャリアのスタートが切れるかどうかということが非常に重要なのです。

大卒の入社三年間の離職率を見ると、サービス業が非常に高いことがわかります（図表9）。二〇〇九年三月卒の若者が、三年目までにどれだけ離職したかを見てみると、「製造業」は一五・六パーセントと二割以下なのに対して、「宿泊業、飲食サービス業」は四八・五パーセントと五割近い。

企業規模別でも、規模による離職率の差は明らかです（図表10）。二〇〇九年三月卒の若者は、三年目までに全体で二八・八パーセント離職します。約三割です。しかし、一〇〇〇人以上の規模では、二〇・五パーセントと二割、五〜二九人では四九・八パーセントと五割、五人未満では五九・二パーセントと六割になり、明らかに企業規模によって離職率が異なります。

辞める若者が多いことが必ずしも悪いとはいいきれませんが、三年で辞める人がこれだけ多いのは、初期キャリアの形成がうまくできずに退職する人が、かなりの人数いる可能性があるでしょう。

玄田氏のいう「適職感覚」をもてず、やりがいを見出せずに辞めてしまった人が、中堅・

図表9　新規大学卒業就職者の産業別離職状況（2009年3月卒）

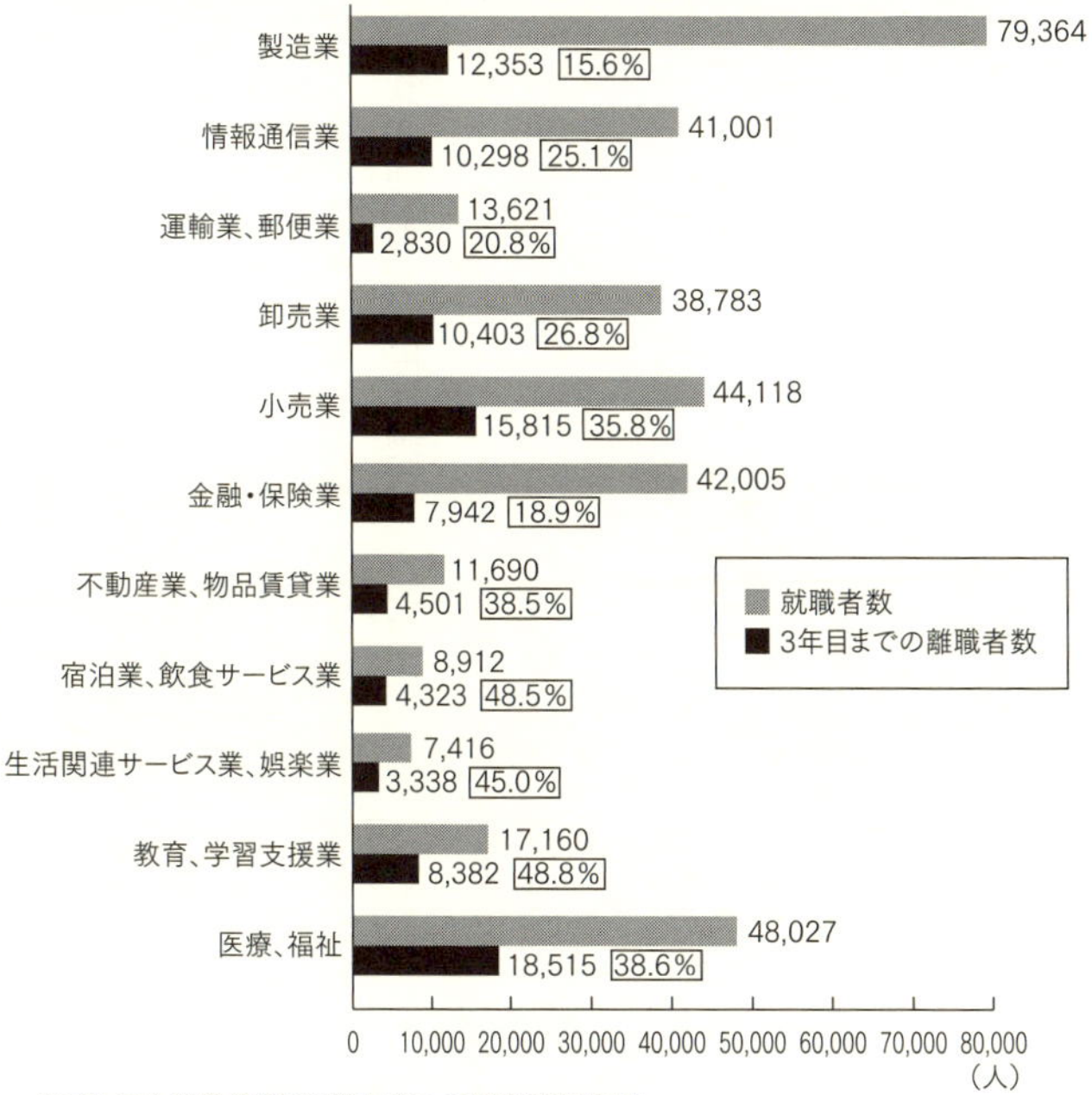

出所：厚生労働省「新規学卒者の産業別離職状況」

図表10　新規大学卒業就職者の規模別離職率（3年以内）

（%）

	規模計離職率	5人未満	5〜29人	30〜99人	100〜499人	500〜999人	1,000人以上
2009年3月卒	28.8	59.2	49.8	37.9	30.1	26.3	20.5

出所：厚生労働省「新規学卒者の事業所規模別離職状況」

中小企業のサービス業では相当多いのかもしれません。

序章で紹介した沖縄では、やはり若者の早期離職率が全国平均を大きく上回っています。大学新卒の三年内離職率でいえば、全国で約三〇パーセント、沖縄では四五パーセント以上です。しかしいろいろ調べてみると、たとえば沖縄に多い宿泊業やＩＴ産業などの同業種比較では、大学新卒の早期退職の比率は内地とあまり変わらないのです。

つまり、沖縄の人は我慢強くないからすぐ辞めるということではなく、沖縄はそもそも早期離職率が高い業界の構成比率が高いので、全体の平均値も高くなっているわけです。ここでも沖縄問題が日本の将来、とくにそれぞれの地域の将来を考えるうえで重要ということになるわけです。

結論をいえば、これからの日本の産業を支える中堅・中小企業中心のサービス業において雇用の質を上げることは、生産性という意味での産業政策的にも、雇用政策や、さらには日本で働く人たちの仕事人生の充実と所得の向上という意味においても、大きな課題です。

いまでも地域に雇用を生み出すために、輸出型製造業の製造拠点を誘致しようと考えて奮《ふん》闘《とう》する人たちがいますが、こうしたデータを見ると、その気持ちもわからないではありません。

成果主義が人材育成力を低下させたのか

問題は、輸出型製造業で雇用の質が低下しているという点にもあります。日本に工場を残しても、非正規中心の自動化工場であり、さらには激しいグローバル競争などの予見不可能な事態に振りまわされてしまうのです。

右肩上がりの時代には、経営判断を誤って過剰投資をし、過剰人員になっても、何年か我慢すればその問題は解決できました。

しかし、バブル崩壊後のゼロ成長経済においては、時間は問題を深刻化させるだけ。経済成長が多くの問題を解決してくれた時代とは違い、ニュースでしか見ない世界のどこかで起きた事件が、あるいは工場で働く人たちが聞き慣れないどこかの海外の競合相手との競争が、ある日突然、雇用喪失につながります。

シャープ亀山工場、キヤノン大分の誘致とその後の不振といったケースは、二十一世紀になってから頻繁《ひんぱん》に起きていますが、当時の経営判断が誤っていたと非難するのは難しい。

正社員はまだ転勤などによって雇用を守られますが、非正規社員は職を失ってしまいます。工場で働く社員を目当てに、銀行から借金して賃貸アパートを建てた地元の人は、借り手がなくなり自己破産してしまうでしょう。

いまの時代、輸出型製造業の大手企業を誘致しても、その地域の雇用の質と量がどれだけ長期的に向上するかは予断を許しません。「サービス業はダメだ。日本はやはりモノづくりでいくのだ」などといっている時代ではない。

そういった日本的な大企業の人材育成能力も、環境の変化によって低下しつつあります。成果主義の導入やフラットな組織によって管理職の負担が増加したために、人材育成への意識が低下した、それが人材育成力低下の主原因だと捉えるのは誤りです。

サービス業における中堅・中小企業の雇用の質が低いから、ダメなのではありません。生産性と雇用の質を上げる努力をすることが、日本の社会問題を解決する方法なのです。

われわれのラボで過去に何度か調査をしていますが、本来の意味での成果主義は、二十代の若者の成長実感と正の相関があります。一人ひとりが具体的に、目に見える成果を出さなければいけないというプレッシャーは、いい意味で背伸びをさせてくれるのです。

ただし、その仕事が新しい取り組みで、かつ権限が若者に委譲され、上司にコーチングされていることが条件。これは若者を育てるうえで非常に重要なことです。

もちろん、成果主義のやり方にもよりますが、成果主義が人材育成力を低下させた、だから能力評価に戻すべきだという簡単な問題ではありません。とくに日本での能力評価には注意が必要。能力主義と称して評価を客観化しようとして、表面的スキルに偏ることが、現代の功利性が高い若者の、いわゆる丸暗記正解主義的な思考を強化してしまう危険性がありま す。

日本は、医師の国家試験における倫理分野の問題で、患者の個人情報の秘匿《ひとく》義務は、医師法か刑法か、どの法律にあるのかを問う問題が出るような国です。医の倫理といった正解が難しい問題や、正解がそもそもない問題を、日本では能力評価の際に避ける傾向があります。

成果主義の要《かなめ》である成果の再現性は、おもにその質に表れるのに、客観的で異論の出にくい、評価しやすい量的側面に偏ってしまったがために、短期思考やチームワーク阻害といった問題が出てきました。成果か能力かにかかわらず、ほんとうに大事な質的側面を測ることが重要なのです。

コミュニケーションがとれない若者たち

フラットな組織にも批判がありますが、そもそもピラミッド組織の反対は、フラットな組織ではなく自律組織だといえます。重要なのは、組織階層を減らすこと以上に、第一線のリーダーが自律性を高めること。そのためのリーダーシップの開発、人材育成能力の開発なのです。

いままでのタテ型ＯＪＴに戻したところで、時代の変化が激しすぎるため、それだけに頼ること自体がもう無理でしょう。組織自体を自律させ、第一線に立つ社員の自律性を上げなければ、変化に対応できない企業や産業がますます増えていきます。

そういう時代の新しいリーダーシップや人材育成能力を、どう開発していくのか。この議論なしに、単純に元に戻しても問題は解決しません。

自律組織では、組織マネジメントのあり方も人材育成のあり方も異なってきます。バブル崩壊以降、多くの日本企業ではコストカットをはかるために階層別研修を縮小し、新たなリーダー育成への投資を十分にはしてきませんでした。つまり、人を育てられるミドルを育成してこなかった。

経営者を育成する場合、上層部の限られた人を選抜しますが、第一線のリーダーを育成する場合は、対象者はかなり広がります。

日本企業は対象者であるミドルに対して、能力開発を行わず、「広告費」「交通費」「研修費」の３Ｋをカットするだけで、新たな投資をしなかった。一方で、たとえば欧米企業のネスレでは、二十一世紀に入り大規模な組織調査を行った結果、古いタイプのMBA的・管理的なマネジメントスタイルではなく、自律組織型の新しいタイプのリーダーシップが中間管理職に弱いと気づき、その重要性を認識しました。

そこで、第一線のリーダーを育成すべく、世界中のネスレにいる数千人のミドル層を対象として一度に二〇名程度、一週間近くの研修が、トップのCEO（最高経営責任者）から行われています。さらに一年後にはフォローアップ研修を数日行います。研修場所はスイスなので、もちろん膨大なコストがかかります。

こうしたお金のかけ方を、日本企業は十分にしてこなかったのではないでしょうか。

さらに、序章でもふれましたが、仕事の「見えない化」、トラブルや故障の減少、若者の社会性の低下などを背景に、製造業、サービス業を問わず、大手企業でも組織の人材育成力が低下してきています。

「カーナビ症候群」にも注意が必要です。文字どおり、上司をカーナビだと思っているような部下が増えている。どこに行きたいかを聞くと、行き方をすぐに教えてくれると考えています。

また、組織の問題として年齢構成のギャップがあります。新入社員が入ってきても、先輩との年齢のギャップが大きい。ラボの調査では、二十代の若者に「あなたの職場には、あなたと同じ二十代の若者が周辺にいますか」と質問したところ、その答えと仕事での成長実感には明確な相関が出ました。周辺に自分と同世代の若者がいない職場では、成長実感をもちにくかったのです。

毎年、新卒をたくさん採っていた時代には、当たり前のように自分と数年違いの先輩が職場にいました。しかし、いまの時代は新卒の採用を控えている企業が多いので、たまに新卒が入ってきても、先輩とのあいだに年齢差があります。自分と一番年齢の近い先輩が三十代だったりする。かつ、社会性が低下しているため、年齢差のある先輩とどのようにコミュニケーションをとっていいかわからず、非常に孤立しやすい。

こうした事情も、従来の日本的企業の人材育成力を弱めている原因です。

以上のような観点から、サービス業化した産業においては、過去の日本企業の強みであった製造業型の人材育成のノウハウをそのまま適応するのは難しい。職種や業種の特性、企業規模などの違いからも無理でしょう。

製造業自体の環境も変わりつつあるなかで、新たなタイプの多様な人材育成ノウハウの開発と、その普及が非常に重要になっています。

第2章 サービス業化した日本の課題

「個別性」と「専門性」が仕事を分化する

製造業がそうであるように、サービス業をすべてひと括りにするのはあまりにも乱暴です。

サービス業における職種を、まずは大きく「個別性」と「専門性」の二軸から整理してみます（図表11）。

横軸は、一つひとつの仕事の「個別性」が高いか低いか。「個別性」とはつまり、同じ内容が繰り返し起こるかどうかということ。縦軸は、その仕事を行ううえで必要な「専門性」が高いか低いか、あるいは不要か。この「専門性」の高低によって、一人当たりの付加価値が変動します。

この二つの指標によって、サービス業は「オペレーション業務」「顧客接点サービス業務」「高付加価値業務」の三つに大きく分類できます。

具体的に見ていきましょう。図表11の左下は「個別性」と「専門性」がそれほど高くありません。鉄道の乗務員のような「オペレーション業務」がここに当てはまります。

分布図の右下は、「個別性」は高いですが「専門性」はそれほど高くありません。介護や

図表11　サービス業務分布図

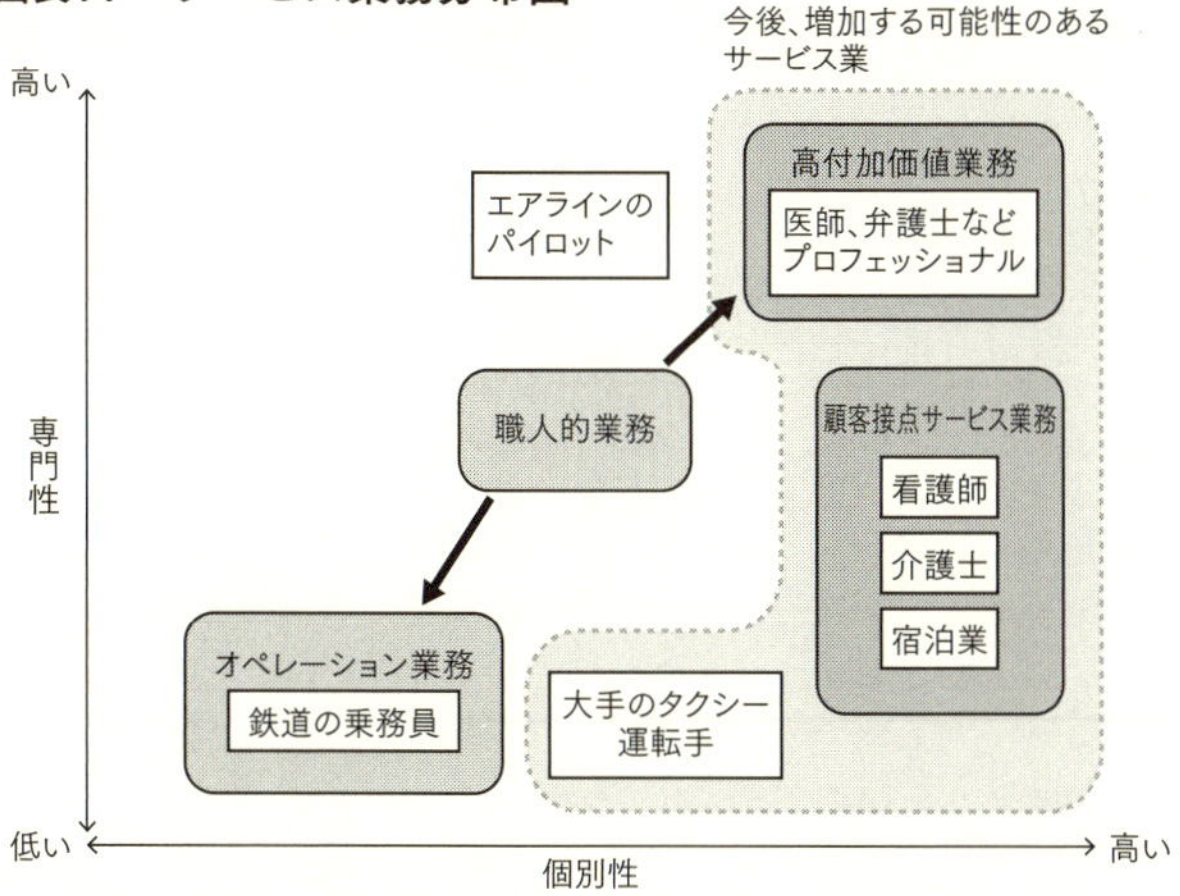

宿泊施設のような「顧客接点サービス業務」はここに位置します。とくに介護の場合は、介護士が世話をする老人は一人ひとり状況が違い、病歴や個性、そのときの状態を考えながら個別に対応していかなければなりません。しかし、介護士は医療行為までは行えないので、「専門性」は医師ほど高いとはいえないでしょう。

宿泊施設の接客も同様ですが、安価な宿泊施設では業務を完全にマニュアル化して、「オペレーション業務」的に行っているケースもあります。しかし、一定以上のレベルで接客しようとする宿泊施設であれば、やはり「個別性」が高いので、分布図の右側にきます。

分布図の右上は「個別性」と「専門性」が両方高い、医師や弁護士、コンサルタント、さまざまな専門的企画業務などの「高付加価値業務」が位置します。この「高付加価値業務」のなかには、プロフェッショナル的な仕事が当然、含まれる。

さらには、「個別性」と「専門性」の中間地帯には、習熟を要する「職人的業務」が存在します。

もともとモノづくりは、いわゆる産業革命の前は家内制手工業であり、「職人的業務」でした。それが、たとえばT型フォードのような分業とラインによる生産で機械化が起こり、単純業務で大量に作業する低賃金の労働者が行う仕事と、その仕事をマネジメントしたり設計したりする「高付加価値業務」に分かれていったのです。分布図の真ん中にあった「職人的業務」が、産業革命を通じて工業化の時代に右上と左下に分かれていきました。

ところが工場というものは、自分たちがその環境をつくりあげ、その環境下で思ったとおりに予測できるし、管理できます。つまり、予測可能性と管理可能性が非常に高い。

工場は予測可能性と管理可能性を向上させて、業務を単純作業化し、事故がなるべく起きないようにします。これによって「オペレーション業務」化できるので、マニュアル化して分業し、安い賃金で人を雇い、生産性を上げてきたわけです。

サービス業は、顧客とじかに接する仕事が非常に多い。接客業務は、目の前の顧客が一人ひとり違います。それほど「専門性」は高くないが、「個別性」をもって対応しなければなりません。したがって、予測可能性と管理可能性が工場ほどには上げられない。それがサービス業の宿命です。

これが、「専門性」「個別性」の高低によって二極分化させることに成功してきた製造業と、高「個別性」低「専門性」の分野に集まらざるをえないサービス業との大きな違いです。

人材マネジメントの問題点

小売は、業態によって「顧客接点サービス業務」と「オペレーション業務」のあいだに分布します。

店舗の立地がよく、商品もいい、あとはとにかく接客を間違いなくやればいいと割りきるのであれば、接客を徹底してマニュアル化した「オペレーション業務」になります。その場合でも、出店戦略を練る人や商品のバイヤー、マーチャンダイザーなどの仕事は「高付加価値業務」となり、プロフェッショナルに近いものになるでしょう。

しかし、販売に付加価値を求めるのであれば、個々の顧客と接する販売員は「個別性」が高く、商品知識などの「専門性」もある程度必要とされる「顧客接点サービス業務」になります。どうしても「個別性」に対する自律的な判断が必要になるからです。一つの商店で職人的にやっていた仕事を、チェーンストア展開していくことは、製造業が工場化することと同じなのです。

「オペレーション業務」でも、接客があると難しくなります。「オペレーション業務」のうち、何パーセントぐらいをカウンター内で済ませることができるか。「個別性」の高低によって、小売のなかでも違いが生み出されます。

ファストフードのように、「オペレーション業務」の七〇～八〇パーセントを客の立ち入らないカウンター内の業務に終始し、セルフサービスであれば、「個別性」は低い。予測可能性と管理可能性が高いため、かなり工場に近くなるでしょう。

しかし、小売は売り場のなかに客が入ってきます。商品をあれこれ触《さわ》り、いろいろな質問をしてくるかもしれません。自分が商品を並べている最中に、「すみません、これの色違いはありますか?」と聞かれたら、「いま、この仕事をしているので対応できません」とはいえない。つまり、「個別性」が高く管理可能性が低くなります。

したがって、サービス業のなかでも業態の違いによって、「専門性」も「個別性」も高くなるものもあれば、「個別性」は高いが「専門性」は低くなるものもある。あの人に接客されたいとお客さんが望み、リピーターになってくれるような接客に比重を置くと、「高付加価値業務」に近づきます。

同様に、金融機関では、決済機能などの「オペレーション業務」は、かなりシステム化されていますが、一方で、富裕層対応の「顧客接点サービス業務」があります。

たとえば、一億円を超えるような資産をどう運用するか。テーラーメードの提案を客にしていくような業務となると、ファイナンシャルプランナーの資格ぐらいは必要かもしれず、「個別性」や「専門性」は高まります。さらにいえば、投資銀行業務になると、完全に「高付加価値業務」のプロフェッショナルになる可能性があります。

しかし、日本の銀行で問題なのは、このような性質の異なる仕事を、一つの発想や仕組みで人材育成し、マネジメントしようとするところです。

たとえば、米国の銀行の場合、いわゆる決済業務などの店舗業務と、富裕層向けの資産運用サービス業務と、投資銀行業務では、採用から人材育成、マネジメントまで、まったく別の仕組みで行っています。

決済業務などの店舗業務は、支店を「オペレーション業務」の拠点として位置づけているので、大手銀行でも店舗自体が非常に小さい。そして、銀行員も非正規率が非常に高い。支店長というよりも店長です。以前、米国のある大手銀行で聞いたところ、店長の大卒の比率は五〇パーセント以下ということでした。

一方で、富裕層向けのファイナンシャルプランニングサービスをしている人は、ほとんどが大卒で、それなりの資格をもち、専門的な勉強をしている。そして、いわゆるM&Aなどの高度な投資銀行業務をしている人は、みんなMBAをもっています。

これほど違いがあるのですが、日本の場合はそれらをすべて一つの人事制度でまわそうとしています。そこに日本における人材マネジメントの無理が出ているようです。

ITサービス業では、データ入力のような「オペレーション業務」、コールセンターやシェアードのような「顧客接点サービス業務」、あるいは、サービスメニューの開拓、商品開発などのプロフェッショナルに近い分野も少なからず存在します。

それぞれの業界のなかに、この三つの業務が混在しているのです。

マニュアルにない事態にどう対応するか

鉄道の仕事もサービス業です。一見、工場での労働と同じように見えますが、実際には乗務員が地理的に移動していろいろな場所で働きます。そこでは何が起こるかわからないし、乗客も一人ひとり違う。

鉄道は、もともと「職人的業務」でした。たとえば、蒸気機関車の機関士は長い経験による習熟を必要としました。しかし、いまは鉄道でも新幹線には踏切がない。ふつうの電車は踏切があるので、車が突っ込んできたり、人間が線路に立ち入ったりする可能性もありますが、新幹線にはそれがない。ですから、予想可能性と管理可能性がより高まっています。

地下鉄は、それに加えて天候など自然環境からの影響も少なく、管理可能性はいっそう高くなる。天候に左右されず、地震の揺れも少なく、自然環境からの影響をほとんど受けません。

そうすると、「オペレーション業務」はどうなっていくか。東京メトロではホームドアを設置し、車掌を廃止して、一人乗務化が進んでいます。明らかに無人運転をめざしている。つまり、「専門性」も「個別性」も低い仕事において、究極まで予測可能性と管理可能性を上げようとしているのです。そうすると、乗務員を乗せる必要がなくなります。実際、パリではすでに地下鉄の無人運転が実験的に始まっています。

一方で、東日本大震災のときに、JR東日本では五列車が被災し、大津波に遭いました。しかし、この五列車は乗務員にも顧客にも一人も犠牲者が出ていません。

これは乗務員が顧客に「お客さん、高台に逃げてください」と避難を誘導したり、顧客同士が避難を促しあって、高台へ向かったからです。

JR東日本のマニュアルにはそのような記載はありません。「列車が停止して大津波警報が出ているときは、お客様を降ろして高台に誘導するように」とは、一切書かれていない。状況を判断した乗務員が自律的に行ったのです。これによって津波による被害を防ぐことができました。

マニュアルにない事態にどう対応するか。

議論に時間を浪費したことで大きな犠牲を払った、石巻市の大川小学校の悲劇とは対照的です。「裏山に登って逃げるとマニュアルにないからダメだ。じゃあ、どうする？」と教師たちがいい、三十分も無駄にしたといいます。

そういう意味で、想定外の事態に対応するための人の役割は、鉄道でもほかの仕事でも幅広く重要です。

工場でも火災のような想定外の事態が起こります。そのときにどういう措置をとるかは、工場責任者の決断でいい。たとえば、石油プラントなどでも、火災が起きたときは、工場をダメにしてもいいから、思いきった決断を現場責任者一人がすればいいという企業もあります。

ところが、列車は一人ひとりの乗務員が地理的に分散しているところで運行しています。そこが、工場と鉄道は似ているようで、まったく違うところです。

何か想定外の事態が起きて、連絡も途絶えたときに、その乗務員が的確な判断を素早くできることが非常に重要です。「オペレーション業務」であっても、これはサービス業の特徴として必要なことなのです。

エアラインのパイロットは、鉄道より「個別性」があるものの、それほど高くはありません。もちろん、台風や雷、積乱雲などさまざまな悪天候に対応しなければなりませんが、それほど頻繁にあるわけではない。

しかしながら、鉄道とは違い、最後は止まればいいというわけにはいかない。鉄道は何かあったら緊急ブレーキをかければ止まりますが、飛行機の場合は、止まったら墜落してしまう。つまり、最後は人に頼らなければなりません。パイロットが安全に飛行機を地上に戻すという業務が発生する。

したがって、高度な「専門性」と判断力を必要とする仕事なので、やや「オペレーション業務」に近いプロフェッショナル業務になるでしょう。

単純労働化した鉄道運転士

サービス業における職種を整理してきましたが、時代とともにその分布は変化してきています。

製造業においては、産業革命による資本の集約や、機械化と分業化によって、「個別性」や「専門性」が中程度の、いわゆる技能職的な職人の仕事が、「オペレーション業務」と「高付加価値業務」に二極分化しました。

鉄道の運転士は、蒸気機関車の時代から職人的な傾向が強かった。しかし、制御システムが発展するごとに、その価値は低下していきました。

指定されている速度を超えて信号を通過しようとすると、緊急ブレーキがかかるATS (Automatic Train Stop)、どのくらいのスピードなら出していいかをつねに車上でモニターして、自動的にそのスピードに制御するATC (Automatic Train Control)、減速、加速もすべて含めて、動き出してから止まるまでの一連の動作を自動的に行うATO (Automatic Train Operation) と、制御システムは進歩していき、職人の技術が必要な部分が少なくなって「オペレーション業務」化しています。

日本初のＡＴＣは新幹線でした。山手線と京浜東北線、私鉄では京王線や田園都市線がいま、ＡＴＣ化しています。地下鉄は基本的にはＡＴＣを使用していますが、南北線や副都心線は、ＡＴＯになりました。

それから、電車化があります。蒸気機関車が電車になり、さらにはＶＶＶＦインバーター（Variable Voltage Variable Frequency）が登場しました。ＶＶＶＦインバーターとは、電圧と周波数を任意に変えられる半導体のこと。これが発明され、実用化されたことによって、最新の電車はモーターが交流になっています。

直流から交流に進化して何が変わったかというと、ハードウェアではなくソフトウェアによる制御になりました。交流モーターはシンプルな構造をしているので、故障しにくい。そのため、職人技能が必要な部分がますます少なくなり、「オペレーション業務」化が進みます。

さらに進むと、中央リニアでは地上制御が基本となるため、そもそも運転士が不要になります。ただ、さすがにだれも乗らないと乗客が不安になるでしょう。また、長大トンネルがたくさんあるので、途中で止まったときのために、だれかを乗せなければなりません。とはいえ、基本的に乗務員が行う仕事はないので、どんな仕事をさせるかが、リニアにおける大きな問題の一つになっています。

これが、「職人的業務」が「オペレーション業務」に変わってきた歴史です。

過去において、運転士は到達職務でしたが、いまや経過職務となりました。到達職務とは、運転士になりたくて鉄道会社に入り、習熟して、試験に受かって運転士になるといった仕事のこと。晴れて運転士になったら、生涯《しょうがい》その道をきわめて習熟を進めていく仕事だったのです。

しかし、いまはあまりにも単純化された「オペレーション業務」なので、何十年もやっていられる仕事ではありません。運転士を何年か務めたら、次のキャリアステップが必要になってきます。少なくとも正社員の運転士はそうです。運転士はさすがにパートタイマーというわけにもいかないので、正社員ばかりで構成されています。

昔は、長く運転士を務める人に大卒の人はいませんでしたが、いまや半数以上が大卒です。これは仕事の「オペレーション業務」化と逆行しているようにも見えますが、その背景には、そもそも昔と違って、大卒が増えている事情があります。そして、大卒と高卒を並べて比較すると、やはり大卒のほうに優秀な学生が多いので、どうしても高卒が落とされていく。結果的に、大卒比率が高まっているのです。

しかし、運転士の仕事は昔より習熟が不要になっているので、経過職務として次のキャリアステップを考えないと、長期的にはもちこたえられません。あるいは、運転士の仕事をもっと深みのあるものに変えるしかない。これまた難しい問題です。

拾うタクシーから選ぶタクシーへ

タクシー運転手の仕事も変化しています。これまでは、自分自身の才覚と努力によって、つねに客を求めて走りまわり、実車率を上げる一部の稼ぎ頭がいました。そうした、ある意味で職人的な位置づけの仕事は、いまやその重要性を急速に失っています。

GPSとデジタル無線の登場で、大手タクシー会社は戦略をガラッと一変させてしまった。「拾うタクシーから選ぶタクシー」へ。その場で客を拾うタクシーから、会社として客に選んでもらうタクシーへと変化したのです。要するに、企業ブランディングによる顧客の囲い込みです。

都内の路上で客を拾う場合、単価は一〇〇〇円ちょっとですが、客がタクシー会社に電話して「配車してほしい」と頼む仕事の場合は、平均単価は五〇〇〇円近いという話を、あるタクシー会社で聞いたことがあります。単価が何倍も違うのです。

次の客を乗せるまでの空車時間が同じなら、この一回当たりの単価の違いは、収益性に大きな影響を与えます。

事前に登録した顧客がタクシー会社に電話をすると、客の携帯電話のＧＰＳでどこにいるのか場所がわかるので、その客から一番近い空車の運転手の携帯電話に自動的につながる仕組みがすでに実用化されています。つまり、配車の手配をするオペレーターさえ、いらなくなっているのです。

運転手は自分で客を探さなくても、そうやって配車されるのを待っていればいい。そして、配車されたとき、客が告げた行先が近い距離であっても、嫌な顔をせずに丁寧《ていねい》に対応すれば、客はそのタクシー会社に対していい印象をもちます。結果として、会社としてのブランドを構築し、顧客を取り込むことができるのです。

実際、ある大手タクシー会社では、この戦略に取り組んでから、全体の売上のうち、配車の割合が三割から五割に増えたといいます。この二割増は、取り込んだ顧客のぶんですから、収益性に大きく効いてきます。

最近は、大手タクシー会社で、自社専用乗り場を設けているところもあります。その乗り場に行くと、その会社のタクシーしか停まっていない。そのタクシー会社の会員になった顧客は、その乗り場に行けば、必ずその会社のタクシーがいるという安心感があります。自社専用乗り場の設置によって安定したブランドを構築できるのです。

こうなると、タクシー運転手に求められる資質も変わってきます。あまり儲からない昼間の時間帯に、「いま、あそこに車が足りなくなってきたから、行ってくれない？」と会社から指示されたら、「儲からないから嫌だ。好きに流して長距離の客をつかまえるよ」などという一匹狼的な運転手は、たとえ稼ぎ頭でもいりません。そんな運転手がいたら、客から「専用乗り場に車がいない」とクレームが来て、会社のブランドに傷がつきます。

それよりも、素直に「わかりました」といって、指示した場所に行ってくれる運転手、かつ、どんなに近い距離でも、感じよく応対する運転手が求められます。自分がどうやって稼ぐかではなく、会社にどう貢献できるかを考えて実行できる従順な運転手です。

タクシー運転手の仕事は、指示どおりに、安全かつサービスよく接客する仕事へと変わりつつあります。いわば図表11の真ん中から右下、ないしは下の中央へ、「顧客接点サービス業務」と「オペレーション業務」の中間ぐらいに位置します。

結論としては、習熟的な現場業務、あるいは軽度の「専門性」を必要とする、繰り返しの多い定例業務のホワイトカラーの仕事などが、技術の進歩や海外への仕事流出などによって減少しています。中間的な仕事は減少し、職人的な仕事は二極分化していきました。そして、新たに介護など「個別性」が高く「専門性」のやや低い仕事が増加しているのです。

ホスピタリティ産業化したサービス業

顧客と接する仕事は、顧客の「個別性」がある場合、無人化が難しい。そして海外に雇用が流出しにくいという特性がある。だからこそ、「個別性」への対応を求められる「顧客接点サービス業務」は、今後ますます増えていく可能性があります。

また、商品や設備、特許などでは、中長期的な優位性を維持しにくいサービス業が増えていて、顧客接点体験によるブランディングが重要になっています。そのため、ホスピタリティ産業化するサービス業が少なくありません。逆にいえば、顧客接点での心理的付加価値や感受性に基づく個別性対応を求めない小売は、インターネット販売に変わっていくだろうということです。

ブランディングは大きく分けて三つの要素で成り立ちます。

一つ目は、商品の使用体験。二つ目は、コマーシャルなどのパブリックコミュニケーション、あるいは口コミ。そして三つ目は、顧客接点体験。つまり、実際にそこで接客された体験です。

じつは、ＪＡＬ（日本航空）の改革でも、航空会社は運送業ではなく、サービス業だという意識改革を非常に重視しました。ある意味、ホスピタリティ産業化をはかったのです。サービス業の多くがいま、オペレーション的なものからホスピタリティ産業へと移行しなければ、ブランディングができなくなっています。なぜなら、商品だけでの長期的な差別化は難しい時代になっているからです。「顧客接点サービス業務」は、そういう意味でも重要性が増してきています。

また、ＩＴがソリューションに移行したことは、「個別性」と「専門性」の高いプロフェッショナルな仕事の重要性を増大させました。

商品による差別化が重要な小売でも、グローバル競争のなかで継続的にいい商品を仕入れるためには、真にプロフェッショナルなバイヤーの育成が重要な課題になっています。

スペシャリストからプロフェッショナルへ

このように、「職人的業務」が二極化、三極化することで、サービス業の業務内容は徐々に進展していきました。その結果、いわゆる格差社会が進展しているともいえます。

「個別性」が低く、「専門性」も不要な「オペレーション業務」は、製造業の製造現場においてばかりではなく、鉄道の運転士や車掌などの職業でも、今後はさらに減少していくでしょう。

それに対し、「個別性」が高く、それなりに「専門性」が必要な「顧客接点サービス業務」や「高付加価値業務」が、サービス業において非常に重要になっていきます。

日本の典型的なサービス業である「顧客接点サービス業務」は、現在のところ非正規社員が中心です。今後は、この人材の付加価値を上げていかないと、格差がますます拡大していくことになります。

ここで、人材の雇用の質や人材育成をどう考えていくかが重要になってきます。これによって、ホワイト企業とブラック企業への道が分岐するといっても過言ではありません。

製造業が「オペレーション業務」に変わっていった過程とは、また違う考え方が必要になってくるでしょう。まとめると、次のようになります。

①「職人的業務」が減り、二極化、三極化する過程はまだ続く。

②「個別性」「専門性」がともに低い「オペレーション業務」は、テクノロジーによって減

少することはあっても、数多く存在する。ここでは想定外の事態への応用力が重要。

③「顧客接点サービス業務」の分散的な増加によって、社会性が低下した「カーナビ症候群」に陥《おちい》りやすい現代の若者たちに、どのように多様性への感受性と応用力をつけさせるか。表面的ではない、応用力につながる普遍性の高い学びをどのようにさせるかが課題となる。

④多くのジェネラリストマネージャーと、少数のスペシャリストによって構成されてきた「高付加価値業務」においては、マネジメントも一つの高度な「専門性」として、急速にプロフェッショナル化するのが特徴的である。

スペシャリストは、高度な「専門性」自体が存在価値になりますが、プロフェッショナルは、医師や弁護士、コンサルタントのように、「専門性」は手段です。主体的で、顧客志向で、職業倫理による自己管理がなされるというような働き方が、存在価値につながります。プロ野球のプロは、たんに野球を職業にしているという意味なので、その反対語はアマチュアですが、ここでいうプロフェッショナルの意味では、その反対語は「サラリーマン」だと私は考えています。

サービス業はそもそも日本人に向いているのか

人には自然にやってしまうことや、意識して努力しなくてもやってしまうことがあります。「心の利き手」ともいわれる「動機」がそれです。利き手でないほうの手を使うには、集中力も努力も必要です。ぎこちない動作になりますし、ストレスもたまります。これがつまり、「動機」があるかないかという違いであり、性格や行動・思考の特性、スキルといった個人の特徴に影響を与える要素となります。

「動機」には男女差は少ないですが、国や民族による違いはかなりあります。たとえば、キャリパージャパン社のデータによる日本人の動機の分布を、米国、中国、インドの三カ国と比較すると、日本人が他国より優れているのは、「感謝欲」「徹底性」「外的管理」という動機だということがわかります。ほかに相対的に優位なものとしては、「感応力」「抽象概念思考力」があります。

「感謝欲」とは人にありがとうといわれたい、感謝されたい動機。「徹底性」とは手抜きせず、丁寧に手順を守る動機。「外的管理」とは枠組みや規則に基づき行動する動機。「感応力」とは相手の感情を表情や声など雰囲気から読みとろうとする動機。「抽象概念思考力」

とは複雑な事象を概念的に捉えようとする動機のことです。

「オペレーション業務」はある意味、輸出型製造業に近く、「徹底性」「外的管理」などが十分発揮されます。鉄道でもエアラインでも、日本が世界でトップの輸送品質を実現しているのは、この動機が強いからかもしれません。

「顧客接点サービス業務」ではこれに加えて、「感謝欲」や「感応力」が大いに役に立ちます。製造業での成功だけではなく、多様なサービス業でも、日本人に世界トップクラスのサービスレベルを提供する基礎があることは間違いありません。

事実、JRは当然ながら、JALやANAの輸送品質は世界トップレベルの水準です。

さらに「オペレーション業務」の質もさることながら、「顧客接点サービス業務」でも日本人の質は高い。たとえばスターバックスコーヒーでは、CEOのハワード・シュルツ氏が、日本を訪れたことのある米国人の顧客から、「日本のほうが米国よりもサービスがずっと優れているのはどうしたことか」といった手紙をよくもらうそうです。セブン‐イレブンはよく知られているように、本家米国を超えて大成功しました。

中国をはじめ、アジア各国における日本の販売業は、そのサービスのよさに定評があります。

日本人のサービス業に関するポテンシャルは間違いなく高いので、サービス業全体の生産性や雇用の質は向上の余地が大いにあるでしょう。

あえていえば、プロフェッショナル系の「高付加価値業務」には課題が残ります。たとえば医師や弁護士、コンサルタントなど、いわゆるプロフェッショナルとして顧客の利益のために高い「専門性」で働くという職業概念は、もともと西欧の歴史から生まれたものでした。

次に述べる日本の製造業の発展を支えた会社への忠誠心、中根千枝氏のいう「タテ社会」は、プロフェッショナルという働き方にはなじみにくい部分があります。日本では、たとえばコンサルティング会社もそうですが、プロフェッショナルな分野でもどうしてもピラミッド的になりがちで、うまくいかないケースが多い。日本のコンサルティング会社が海外に進出することもほとんどありません。

日本のプロフェッショナルはサラリーマン化しやすく、忠誠心や組織求心力が強い。本来、プロフェッショナルであれば遠心力が強くなければなりません。つまり、顧客志向性が高く、独立した個人の集団でなければいけないのに、その性質が日本人の考え方となじみにくかったようです。

ただ、いまの若い人たちは仕事に対する考え方もかなり変化してきているので、これからはプロフェッショナルの分野でも日本人の活躍が期待できるだろうと、個人的には感じています。

刷り込まれた規範的仕事観

輸出型製造業が日本でなぜここまで成功できたのか。そこには動機ばかりではなく、歴史的背景があります。

ユーラシア旧大陸の両端に位置する日本と西欧は、製造業を柱とした産業化社会を早々に確立しました。梅棹忠夫氏の『文明の生態史観』(中公文庫)にもあるように、ユーラシア旧大陸の中間地帯は、専制君主国家や異民族の支配、植民地支配の歴史に翻弄《ほんろう》されつづけて、富を蓄えるブルジョアジーが十分に成長できませんでした。

しかし、ユーラシア旧大陸の両端の国々では、封建制が発達し、民族的にも入れ替わりが少なかった。とくに日本は弥生時代以来、安定している地域だったのです。

産業化社会を支える労働者は、その両端の地域で勤勉な労働価値観、仕事観を、時間をかけて刷り込まれながら生まれました。

仕事観には大きく「内因的仕事観」「功利的仕事観」「規範的仕事観」の三つがあります（図表12）。

西欧ではカルヴィニズムの影響が仕事観に色濃く表れています。カルヴィニズムとは、ジャン・カルヴァンの思想を信奉すること。カルヴァンは仕事に「天からの使命」というポジティブな位置づけを与え、勤勉と貯蓄を説きました。“Beruf”という概念がドイツ語にありますが、これは神から与えられた使命としての仕事という概念です。

自分の職業を大事にして、それに励み、貯蓄することで、死後、救われるという宗教的刷り込みは、庶民の規範的仕事観、とくに仕事規範を強化しました。その結果、西欧では産業化社会になっても職務主義的な人事慣行、職種別労働組合が形成されていきました。

日本の場合、製造業による産業化社会の成立のためには、古くからの役割価値観の刷り込みのあった日本の武士階級だけでは実現せず、農民・町民出身の庶民に対して、勤勉な規範的仕事観を刷り込む必要がありました。

明治時代になると、徴兵制が始まり、国民皆兵で富国強兵政策が採られ、庶民の武士化が進みます。雇い主に対する忠誠心が強い、武士化した庶民が生まれたのです。小学校、中学校の義務教育という明治の政策が、会社規範的な規範的仕事観の刷り込みを準備していたともいえます。

日本では、数百年にわたって勤勉な規範的仕事観を刷り込んだおかげで、良質な工場労働者をたくさん生むことができたというわけです。

一方、功利的仕事観が中心となる重商主義とは、一攫《いっかく》千金を狙う、まさにアントレプレナーシップの考え方です。たとえば、江戸時代の商人、紀伊國屋文左衛門は、荒れた海を渡って紀州のみかんを江戸に届けて大儲けしました。功利的仕事観をもつと、「何のためにこれをやるのか」と逆算するようになります。

図表12　仕事観の構造

大分類	中分類
内因的仕事観	やりがい
	成長
	関係性
	認知承認
	仕事内容
功利的仕事観	成功獲得手段
	損害回避手段
規範的仕事観	社会規範
	会社規範
	仕事規範
	世代継承

出所：『21世紀のキャリア論』(東洋経済新報社)

ところが、複雑な大規模製造業における良質な工場労働者には、仕事の全体像などわからないまま、目の前の部分的な仕事を一所懸命やることが求められます。何のためかではなく、働くこと自体に意味があると刷り込まれた人たちが大量にいないと、製造業は成り立ちません。

沖縄のように、「鶏口となるも牛後となるなかれ」がモットーで、「人に使われたくない。

独立してさっさとひと儲けしたい」という人ばかりの社会だったら、大規模製造業は成立しにくい。

旧大陸の両極端だけで産業化社会が発展したのには、仕事観の刷り込みが背景にありました。地道に働きつづけることを貴《とうと》ぶ人たちが大量にいないと、産業化社会は成り立ちにくいのです。

赤穂浪士はなぜ仇討をしたのか

そもそも明治以前の日本はどうだったのでしょうか。

織田信長以降、一向一揆《いっこういっき》や、延暦寺、キリスト教の弾圧など、宗教を政治の手段として世俗権力が活用する流れが定着しました。さらに、豊臣秀吉によって武士の転職禁止令でもある「奉公構い」という制度がつくられ、武士社会の安定した基盤が確立されます。

徳川時代には、武士の思想的背景として儒教が導入されましたが、本来の儒教とは明らかに異なり、「忠」と「孝」をすり替える日本型（ヤマト型）変質があったようです。

本来の儒教では、多くの場合「忠」より「孝」が重んじられるので、雇い主よりも家が大事です。ところが、日本のほとんどの地域では「孝」より「忠」が重んじられるようになりました。家よりも会社に対する忠誠心のほうが強い。

会社側からすると、「忠」より「孝」が重んじられる宗教は不都合なのです。仕事がどんなに忙しい時期でも、家の法事などを優先して会社を休まれては困る。そこで、儒教は意図的に変質されていきました。

有名な「忠臣蔵」は、「忠」と「孝」の関係を示すいい例です。四十七士の多くは、じつは主君の浅野内匠頭《たくみのかみ》とは会ったこともない下級武士でした。面識もない人たちが、なぜ自分の命をかけて仇討《あだうち》をしたのか。

当時は家柄が出世のポイントでした。能力があっても家柄が悪いと出世できず、子孫代々出世は望めません。そこで、自分の命をかけて家名を上げ、子孫代々の出世を願った。そんな思いを家族に綴《つづ》った、四十七士の下級武士の手紙が発見されているそうです。

つまり、下級武士の真のモチベーションは、幕府の「忠」を前面に出したプロパガンダとは異なり、「孝」だったのです。

さらに明治維新の過程で、国民皆兵のもと徴兵が行われ、富国強兵政策が採られます。これを「庶民の武士化」と私は呼んでいます。

ヤマト型儒教的価値観と、義務教育によって、庶民に組織忠誠的価値観をベースにした勤労観が刷り込まれました。それまで江戸の職人の仕事観はラテン的だったといわれています。落語の世界でおなじみの「宵越《よい》しの金はもたない」というやつです。

戦後は、公職追放、財閥《ざいばつ》解体によって財閥のオーナー社長が追放され、使用人である番頭が社長になることで、資本主義的企業がオーナーのものではなく、社員のものとなりました。

その結果、会社という組織への忠誠心が中心の、逆にいえば「会社は社員のものだ」というような、会社型規範的仕事観の強い、勤勉な社員たちが多く生み出されました。

日本人は職務ではなく、会社への忠誠心が強いので、日本の会社は転勤や職種転換を社命で頻繁に行います。残業などでも、上司が帰らないと帰りにくい雰囲気があります。そうしたことも含めて、日本はいわゆる人事権の裁量がきわめて大きい社会なのです。

一方で、それに応える会社の雇用責任を厳しく問う社会ができあがりました。「整理解雇の四要件」にあるように、雇用主の雇用責任が厳しいことも、こうした人事権の裁量の大きさの裏返しです。

日本では、基本的には一カ月前に解雇の宣言をすれば解雇できるという法律の条文がありますが、書いてあることはそれだけ。ほかは判例が出てくるのみです。判例の内容としては、会社には転勤や残業を含めてきわめて人事裁量権が大きいし、ある意味、会社のいうとおり便利に扱える人たちだから、そのぶん、雇用を守りなさいというものでした。

逆にいうと、非正規社員はいつでも切れると設定されてきたのでしょう。これが、戦後の輸出型製造業主導の高度成長を支える仕事観となりました。

これは一方で、中根千枝氏の『タテ社会の人間関係』（講談社現代新書）にあるように、欧州やインドに見られる、ヨコ社会のタテ構造とは異質の日本独特のタテ社会に結びついたともいえます。網野善彦氏の『日本の歴史をよみなおす（全）』（ちくま学芸文庫）からいえば、室町時代の重商主義のあと、七百年余り続いた農本主義の日本の最終章に、輸出型製造業による高度成長があった、ということになるのかもしれません。

やりたい仕事がなければ働かなくてもいい？

しかし、欧米も日本も経済的に豊かになり、宗教的、国家的教育による刷り込みが弱くなってくると、若者が内因的仕事観へ傾斜していきます。

内因的仕事観とは、自分のやりがいや成長に仕事の意味を感じることです。もちろん、昔からある価値観ではありますが、だんだんと内因的仕事観ばかり重視されるようになってきているようです。

内因的仕事観は重要ですが、あまりにもこれに傾くと、やりたい仕事が見つからなければ仕事をしなくていいということになってきます。

国民の三大義務の一つに、憲法第二七条の「勤労の義務」があります。要するに、働かざる者食うべからず。社会はお互いさまであって、お互いがそれぞれの持ち場を守り、だれかほかの人のために価値を生み出す。お互いが助け合ってできているのが社会なのだから、働く能力と働く機会に恵まれている人は、働くことが基本であるということ。

この憲法第二七条の精神からすれば、やりがいや成長がないから働きたくないというのは、極論すれば憲法違反ということになります。仕事のアンマッチ問題の一つの原因も、そのあたりにあるようです。

親が食べさせてくれるからいいじゃないかという意見もあるでしょう。少子化なので、親も子どもを近くに置いておきたくて「いいよ、無理に働かなくても」というようなケースが増えてきています。

これはこれで、あまりにも内因的仕事観だけに傾きすぎです。仕事をしてお金をもらうということは、だれかほかの人のために価値を生み出すことです。ほんとうにやりがいや成長だけを追求するのであれば、趣味と一緒なので、むしろ自分がお金を払わないといけない。

中国でも、経済が発展したのちに生まれ育った九〇年代生まれの若者は、現在二十歳ぐらいになっていて、日本化・草食化しているという中国人の専門家がいます。

また、経済が豊かになると、どこの国でもだんだん宗教色が薄まっていきます。米国や欧州でも同様です。毎週日曜日に教会へ行く人は、欧米でも確実に減ってきています。

一方で、最近の若者は、社会に貢献したいという考えが強まっています。社会型の規範的仕事観が強くなっているのです。

慶應SFC（湘南藤沢キャンパス）には、卒業と同時に社会的問題を解決するためのNPOを立ち上げる社会起業家が何人もいます。マザーハウス代表の山口絵理子さんやフローレンス代表の駒崎弘樹さんなど、社会起業家として成功している人が多い。

現在の日本の大学生で、とくに意識の高い優秀な人たちは、金儲けや出世、地位や名誉よりも、社会に役立つことをしたいようです。とくにITバブル崩壊以降にこの風潮が見られるようになりました。

これも日本にかぎらず、世界の若者に見られる一つの傾向で、じつに素晴らしいことです。

サービス業では、とくに福祉や介護で内因的仕事観に結びつく仕事が少なくありません。賃金が低くても、将来のキャリアパスが描きにくくても、感謝され、やりがいを感じるからこそ働く若者たちがいる。それが福祉、介護の仕事の強みでしょう。

一方、プロフェッショナルとして顧客へ価値を提供するといった働き方や、社会やコミュニティに貢献する、社会型の規範的仕事観が日本では重要になってきています。会社のためではなく、組織の求心力だけではない、新しいかたちの多様な規範的仕事観が、日本でも実際に育ちはじめている。これはサービス業と非常に合致する性質のように思えます。

先ほど紹介したキャリパージャパン社のデータにもあるように、日本人は徹底性や外的管理、抽象概念思考力などの、複雑なものを設計製造する仕事に効果的な動機が優れています。また、サービス業におけるオペレーション業務ばかりではなく、接客などにも役立つ、感応力や感謝欲なども相対優位にあります。

今後は、やりがいや成長の内因的仕事観をしっかり強化するマネジメントとともに、バランスのとれた仕事観のためにも、社会や地域への貢献、顧客提供価値の重視といった、社会型の規範的仕事観の組織的刷り込みや価値提供の実現も、サービス業の重要な課題になるでしょう。

第3章

日本的発想からの脱却が
ホワイト企業をつくる

働きやすさも働きがいもないブラック企業

人間の自己実現への希求を説明するものとして、「マズローの五段階欲求説」という理論があります。人間の欲求は、低次のものから生理的欲求、安全欲求、社会的欲求、尊厳欲求、自己実現欲求という五段階のピラミッドのように構成されていて、低階層の欲求が充《み》たされると、より高次の階層の欲求を欲するというものです。

もう少しシンプルな理論としては、「アルダファのERG理論」と「ハーズバーグの二要因理論」があります。

ERG理論では、"Existence"＝生存、"Relatedness"＝関係、"Growth"＝成長という三つの要素によってモチベーションを説明します。人間は、物質的な欲求として、労働条件や所得を求めます。これを確保すると、次にいい人間関係を求める。そして人間関係にも満足すると、成長を求めるのです。ここでもし成長できない場合は、人間関係に逃げます。人間関係がうまくいかないと、所得などを求めます。どこかの要素にこだわることによって、切り抜けようとするのです。

また、二要因理論では、人の欲求を衛生要因と動機づけ要因の二つから説明します。衛生要因とは、職場環境や給料など、少しでも欠けると不満を感じる要素です。一方、動機づけ要因は達成感や仕事へのやりがいなど、満足感に関係します。

これらの理論は「働きやすさから働きがい」へ、あるいは「衛生要因から動機づけ要因」への流れともいえるでしょう。働きやすさと働きがいは、両方とも雇用の質であり、これらが低い企業は危険です。

働きやすいが、働きがいがない企業は、「人材滞留企業」です。それなりの労働条件で仕事ができますが、業績はおそらく伸びていないし、会社も経営環境の変化に十分対応していない。たまたま現在は幸運にも生きのびていますが、急激に厳しい状況になったときに、社員は外に放り出されてしまう。社員自身も成長していないので、放り出された本人は大変です。

逆に、働きやすくはないが、働きがいがあるのは、「人材輩出企業」です。ここでは成長することができます。たとえば極端な例が、フランス三ツ星レストランです。「ここで働かせてください」と修業をみずから願い出て、基本的に無給で働く。その代わり、ずっとその店にいようと思っている人はいません。

そこまで極端ではないにしても、自分で将来、居酒屋を経営したいから、どこかの居酒屋で店長として働く例があります。やはり独立するという目標があるから、安い賃金でも過酷《かこく》な労働でもがんばれます。すべての業種、職種で成り立つわけではありませんが、私は人材輩出企業があってもいいと思う。マッキンゼーも、ある意味で私にとっては人材輩出企業だったのではと感じています。

そして、働きやすさも働きがいも両方ないのが、人材使い捨てのブラック企業でしょう。

環境変化が激しく、専門性が求められる時代には、働きがいを通じてのみ、たんなる業務効率を超えた高付加価値による生産性の向上が実現できて、働きやすさを獲得できます。初期キャリアでの成長経験が、健全な自己肯定観を生み、生涯のキャリアを良質なものにしてくれるのです。むしろ若いころ以上に、働きがいが中年期以降の働きやすさにつながるのではないでしょうか。

しかし、働きがいと使い捨てはまったく別の問題です。働きがいがあるから使い捨てでいいという論理にはならない。要は、成長があるかどうかがポイント。成長に加えて、仕事の意味を感じられること、裁量を与えられて、自己能力を十分に活用できることが望ましいあり方です。ここがブラック企業とホワイト企業の違いとなります。

私は、若いうちは働きやすさもある程度、必要ですが、働きがいのほうがより重要だと考えています。とくに最初の三年でいかに成長できるか。入社した日から、「ワークライフバランス」を考えていたら、成長するはずのものも成長できないかもしれません。

ただ、結婚や出産などのライフイベントを迎え、とくにミドル期以降は、働きやすさも重要な要素になってきます。親の介護の問題も出てくるかもしれません。

初期キャリアにおいては、働きがいが一番重要で、徐々に働きやすさが問題になってくるのです。

「人を大事にする企業」という美しい誤解

「日本一長い朝礼」で有名な沖縄教育出版は、企業側から電話で営業を行うアウトバウンド・テレマーケティングによって、健康食品の通信販売を手がける企業です。毎朝一時間以上、朝礼をします。その一時間は、勤務時間に算定されます。

社員数は一四〇人で、毎年大きな経常利益を安定的に生み出す企業です。給与水準も沖縄では高い。男女の年齢も多様で、障碍者も一〇人活躍しています。企業のダイバーシティ（多様性）の点でも評価できます。

一般的に、アウトバウンド・テレマーケティングを行う会社はテレビコマーシャルを流しますが、沖縄教育出版は広告宣伝をほとんど使いません。そんなことをしなくても、客の心をしっかりつかんでいるからです。

テレビコマーシャルを流している会社は、東日本大震災後に大打撃を受けました。しかし、沖縄教育出版は、震災直後から電話が逆に増えました。「不安だから電話したわ」といったお客さんからです。震災直後の二週間は配送手段が断たれて売上が減りましたが、三週目からは不安を抱えた客からの電話が増え、むしろ震災前より売上が増えたといいます。震災前のリーマンショックのときも、影響は皆無《かいむ》だったそうです。

この沖縄教育出版の朝礼では、恒例の「私のお客さん自慢」というコーナーがあります。私が出席したときは、こんな話を聞きました。

同社の社員は、一人で数百人の客を担当していますが、ある中年の女性客が担当者に電話をかけてきました。肝臓がんで余命宣告をされたといいます。「あと数カ月の命で何をしたいかを考えました。死ぬ前に会っておきたい人に一回ずつ会おうと思います。最初に浮かんだのがあなたです。長いあいだ、電話で話をするだけで会ったこともありませんが、これから沖縄に行きたいので、ぜひ会っていただけますか」といわれたそうです。担当者は「もちろんです」と答えて、その女性客を首里城などへ案内した――そんなエピソードです。

なぜ、商品を売る立場であるにもかかわらず、死ぬ前に会っておきたい人の一番目にこの社員が選ばれたのでしょうか。そこに至るまでの経緯を含めた話を朝礼の場で全員が共有し、仕事観を日々強化しているのです。

私はこの一時間の朝礼によって、企業のビジョンや目的、顧客提供価値、それを実現するための方法、そのために効果的なコミュニケーションの演習を仕事前にしているのだと感じました。

同社の創業者で現在の会長、川畑保夫氏は、「うちの会社は非常に変わった会社だ」といいます。すべての人に向いているわけではないからです。だから、採用に時間をかけて、組織になじむ人を採る。インターンシップを何週間もしたうえで、お互いにベストマッチなのかを見極めるそうです。

「人を大切にする会社はいい会社だ」という言い方は陳腐《ちんぷ》です。そうではなく、「人をどう大切にして、どんな心理的価値を顧客に提供し、それがどう企業の成功に結びつくのか」という全体像をデザインして実行するのが、いい経営者なのです。

顧客、社員、利益の三つのうち、どれを優先するかという発想についなりがちですが、その発想自体が、経営者としてはレベルが低い。この三つを同時に実行できるビジネスモデルをつくり、それを実行するのが経営者の役割なのです。

「人を大切にする経営とは、具体的にどういう会社だと思いますか」と、慶應SFCの講義で学生数百人に五分間、考えてもらったところ、わずか五分のディスカッションでも、次のようなさまざまな答えが出ました。

「異なる考えにも真摯《しんし》に対応し、それを活かすことで、創造的組織を構築し、会社の成長につなげる経営」
「社員の適性や才能に応じて、その力がもっともうまく活用できる仕事に活かすことで、組織パフォーマンスを上げる」
「人を支援し、権限を与え、エンパワーすることで、自身の貢献や有能感を引き出す組織」
「人に投資し、育成することで、会社を成長させる組織」
「雇用を安定させ、安心して会社のために働ける環境を提供する組織」

つまり、何をもって「人を大切にする」というのか、それぞれの人が抱いているイメージはバラバラなのです。したがって、「人を大切にする会社はいい会社だ」という認識では、心は温まるかもしれませんが、何も考えていないに等しく、お互いに美しい誤解をしたまま仕事を進めることにもなりかねません。

何をもって「人を大切にする」というのか、その結果、それがどのように会社の成長や利益につながり、働きやすさや働きがいにもつながるのか。そのイメージが、組織の人材ビジョンとなります。それを具体化することが重要なのです。

そのためにも、まずは組織の人材ビジョンをしっかり描けて、それを実現できる経営幹部を育てる必要があります。

自律的な人材をどのように育てるか

一時期、組織のフラット化が流行《はや》った時期がありました。意思決定の迅速《じんそく》化がその動機だったように記憶しています。

私は以前から主張していますが、ピラミッド組織の反対概念は、フラット組織ではなく、自律組織です。フラット組織について議論する人たちは、組織階層の数や意思決定のスピードに注目しがちですが、一番大事なことはそこではありません。

「個別性」が高い「顧客接点サービス業務」から「高付加価値業務」まですべてにおいて、意思決定の中心は顧客接点でなければなりません。

「個別性」はサービス業の大きなテーマです。サービス業はストックができない。たとえば鉄道も飛行機も、とりあえず先に乗客を全部運んで、というわけにはいきません。その時々の乗客のニーズに応えないといけない。

接客業も、来た客にその場で価値を提供します。客がそのサービスをしてほしいときに、そのタイミングでつねに接客しつづけなければならず、あらかじめ午前中に納品や返品作業をして、午後に接客に集中するといったことはできない業態です。

つまり、「個別性」への対応が第一線の人材育成の大きなテーマなのです。仕事のサイクルの"What-How-Do-Check"を、大きな組織の階層で分業するのではなく、第一線で自律的にまわる自律組織こそが求められています。

組織の考え方や形態に唯一の正解はありません。たとえば、予測可能性と管理可能性の高い鉄道の「オペレーション業務」では、基本的にはピラミッド組織で行われなければなりません。しかし「個別性」が高いサービス業においては、生産性や付加価値がどれだけ高まるかが課題の場合、その成否は自律組織の実現にかかっているといってもいいでしょう。

ピラミッド組織だろうが、自律組織だろうが、組織設計には共通した原理原則があると私は思っています。それは意思決定における「情報、能力、権限の一致の原則」です。適切な意思決定をするためには、判断能力のある人に、必要な情報と意思決定の権限を与えなければ、組織はうまく動きません。情報、能力、権限の三つが重ならないといけないのです。

第一線の現場では、重要な情報はもっているけれども、意思決定する能力が十分育っておらず、かつ権限も与えられていないという矛盾があります。何か事が起こった場合、現場の人間だけではあたふたするだけでしょう。

また、現場から遠い経営幹部の場合は、意思決定の権限はもっていますが、重要な現場の情報が上がってきません。あるいは、意思決定に必要な専門的知見が不足しているかもしれず、誤った命令をする可能性があります。そのために、顧客志向とはほど遠い意思決定が行われ、第一線の現場で働く人たちの無力化、無気力化が起こりやすい。

まさに福島第一原発の事故で、このような行き違いが起きました。官邸と東京電力の幹部がいる本社、そして現場の発電所とのやりとりは、この三つがバラバラになった状態でした。

こうした事態を解決して、ピラミッド的に「個別性」の高い仕事をするには、顧客接点での「個別性」を含めて、重要な情報はすべて中央に届くようにして、会社中枢《ちゅうすう》に三つの要素を集約するか、さもなければ第一線の現場に、目の前の顧客情報以外の経営情報全般をオープンに提供するしかありません。

つまり、経営参画の仕組みを強化し、経営視点や専門的知識などを要する場合の判断能力を育成し、そのうえで権限を委譲することが必要になります。

ここでまず重要なのは、第一線への情報開示と判断能力の開発です。

目の前にいるお客さんについて理解するのはもちろん重要ですが、その裏にある会社の経営方針や提供価値、行動規範、ビジョン、あるいは会社の経営実態、経営目標といった情報がどれだけオープンになって、第一線の人間に与えられているか。それがないと、現場の人間は権限委譲されても的確な判断ができません。また、意思決定のための判断能力が十分育っていないと、誤った判断を下す可能性があります。

したがって、意思決定のための判断能力を上げるということが非常に重要になってきます。たとえば、想定外の事故が起きたときにどう判断するか。マニュアルでは決められないことを的確に判断するトレーニングを、きちんと積んでおかなければなりません。

ピラミッド的なマネジメントが基本の業態でも同様です。たとえば鉄道乗務員の場合、工場と違って職場が地理的に広がっているので、万が一のときの自律的判断が求められる場合があります。そのため、緊急事態などのケース想定や、シミュレーターなどによる判断能力の向上訓練が必要でしょう。そうした人材育成があってはじめて、権限委譲による第一線の裁量拡大の価値が上がるのです。

叩き上げ管理職が抱える問題点

人材育成の要であるミドルの育成は、サービス業、中堅・中小企業で、とくに重視すべきポイントです。

現場の叩き上げの管理職のなかには、この育成の重要性を理解しない人が少なくありません。管理職教育もほとんどなく、プレイヤー時代と変わらない働き方をしています。

中堅・中小企業によるサービス業の場合、とくにこの傾向が強く見られます。「自分はこうやってきたんだ。背中を見て覚えろ」といった調子です。

しかし、自分がうまくできることと、人にやらせること、人を育てることは、まったく別物です。日本の場合、職務概念が弱く、序列概念ばかりが強いので、管理職を過去の貢献の報酬《ほうしゅう》やステータスと捉えるケースが少なくありません。

日本相撲協会と日本サッカー協会の違いが、わかりやすい例でしょう。相撲では、現役時代の実績や序列、年寄株の購入によって指導者の立場が手に入りますが、人を育てることを学んでいないので、自分がされたことをそのましてしまい、弟子をビール瓶《びん》で殴るような人が出てきます。

スポーツの世界にかぎらず、職務概念が弱い日本では、指導するほうと指導されるほうが序列の関係になりやすい。それが女子柔道などにおけるパワハラ、体罰問題にもつながっています。序列概念に染まって、指導者は偉いと思って暴力に耐えたりする。

一方で、日本サッカー協会は、もっともグローバルなスポーツであることもあって、現役時代にどれほど活躍したかに関係なく、小学生の指導者、中学生の指導者、プロの指導者というように、指導する対象別に研修と認定制度があります。その講義を受けて認定されないと、どんなに実績がある人でも指導者にはなれません。

たとえば小学生をどのように指導するか。Jリーガーをめざしてがんばってきた小学生が、試合に負けて投げやりになり、もうサッカーをやめようかと落ち込んでいるときに、どうしたらもう一度がんばろうという気持ちにさせられるか。小学生のモチベーションアップ策を、モチベーション理論の専門家にきちんと教わります。

自分がサッカーをうまくできることと、うまく人を育てられることとは、別次元の話なのです。

サッカー日本代表のザッケローニ監督は、プロ選手としての実績はゼロですが、指導者としての地位を築きました。実家は小さなホテルで、そこで経営をしながら指導者としての勉強をしたといいます。経営の経験が、のちにサッカーチームの監督をするにあたって活きたというわけです。

マネジメントや人材育成は、一つの職務です。それに必要なスキルや能力は、きちんと教えてあげないと、背中を見るだけでは対応できません。とくにいまのような変化の時代には難しい。

ミドル層には、自分がいまだにプレイヤーとして働きながら、部下のマネジメントもしなければならないプレイングマネージャーの人も多くいます。

ここでいっておきたいのは、プレイングマネージャーが悪いということではありません。コンサルタントや医師など、プロフェッショナルな仕事は、上になればなるほど、プレイングマネージャー的にならないとマネジメントできません。

問題は、プレイヤーとしての経験ばかりで、人をマネジメントする方法を学んでいないから、マネジメントできないということです。だれでも知らないことはできません。だから、プレイヤーとしての業務に逃げてしまう心理もあると、私は推測しています。

一人の人間が創出しうる価値には限りがあります。それを発揮しやすいほうに集中した結果、マネジメントではなくプレイヤーとしての自分に重きを置いてしまい、人を育てられなくなる。忙しいからできないのではなく、教え方がわからないからでしょう。なかには、やる気や根性論を説くだけの人も出てきます。これが日本の組織のよくない点です。

自律組織においてはマネジメントや人材育成が必要で、「背中を見ろ」だけではない、新しいやり方が求められています。自分が部下だった時代の管理職のやり方では通用しません。かといって、自分が管理職になったときには、だれも教えてくれません。だから、「自分だって昔は上司に罵倒《ばとう》された。そのおかげでいまがある。部下を罵倒して何が悪いんだ」という話になってしまう。

日本は中根千枝氏のいう、タテ社会の人間関係でずっと来てしまったので、序列概念に支配されやすい。西欧は職務主義で、管理職というのは一つの仕事であり、序列の前に仕事だという概念があります。

これは、西欧のカルヴィニズムが背景にある職務主義が、ヤマト化された儒教を背景にしている日本の組織主義と比べて、優れているとか劣っているという話ではありません。よい面と悪い面がそれぞれあり、無批判にそのまま受け入れるなということです。

たとえば偏狭《へんきょう》な職務主義は、チームワークや顧客志向の弊害《へいがい》となり、官僚的な組織をつくりかねません。また、日本の大手輸出型製造業では、昔からしっかりした初任管理職教育が行われてきた事例も少なくありませんが、昨今の環境変化への対応が不十分です。手法的にも、ひと昔前の管理職研修が、そのまま現在の中堅・中小企業やサービス業に適用可能とは思えません。

女性の雇用をどう考えるか

現代は働き方が多様な時代です。働く人たちや雇用制度の変化がもたらすものに、どう対応するかが、サービス業のもう一つの大きな問題です。

働く人の変化としては、若者の志向性が変化し、ダイバーシティと地元志向が進みました。少子高齢化により、子どもを手元から離したがらない親が増加しているため、若者の地元志向が進んでいるのです。

また、働き方の多様化は、日本ではおもに女性が活躍する機会を増やしました。二〇一三年、初めて大卒の就職内定率で男性と女性が逆転し、女性の内定率が高くなりました。その要因の一つに、女性が中心の職場が増えていることが考えられます。サービス業ではとくに医療、福祉、介護の分野が伸びていますが、そこは圧倒的に女性の職場です。

もちろん、企業努力で女性の活用をはかっている例もあるでしょう。イオンは二〇二〇年までに管理職の五〇パーセントを女性にすると社長が表明しています。サービス業従事者には女性が多いので、当然、女性の活用も進んでいくのです。さらには外国人の活用も、中堅・中小企業のサービス業でもグローバル化が進展する現在、広く重要な課題となっています。

働き方の多様化という意味ではもう一つ、二〇一三年四月から社会保険の適用範囲が拡大されました。パートタイマーはこれまで、週三十時間以上働いてはじめて、社会保険が適用されたのですが、それが週二十時間に変更されました。さらに、五年を超える有期契約の廃止。これらによって、フルタイム正社員とパートタイム非正規社員という単純な二層構造がなくなり、いろいろな中間的雇用が生まれます。

これまでのモデルは、人事権の裁量がきわめて大きい正社員の処遇を突出させて、同一労働でも裁量権の違いによって大きな賃金格差のある非正規労働者を多く活用し、経費を圧縮するというものでした。しかし、そのモデルはいま限界にきています。勤務地や職種、労働時間などの働き方にさまざまな制約はあるものの、期限の定めのない社員が増加するなど、女性が多いサービス業の現場で、とくに働き方の多様化が起こるでしょう。

今野浩一郎氏が『正社員消滅時代の人事改革——制約社員を戦力化する仕組みづくり』（日

本経済新聞出版社）のなかで、こうした働き方を選ぶ人を「制約社員」と呼びましたが、この名称も一般的になっていくと思います。つまり、なんらかの制約をもって働いている社員の割合がこれから増えていき、それが当たり前になるのです。

ドイツ型ワークシェアリングからオランダ型へ

この多様化に、組織がどう対応するかが問題になっていきます。

一つのモデルがオランダです。一九七〇年代から八〇年代初めに、オランダは経済危機に陥り、一時期、失業率が一二パーセントにまで達しました。オランダ経済の競争力が、ほかの欧州各国に対して劣化してきた状況にもかかわらず、労働組合が強く、正社員が保護され、賃金が上昇する状況がありました。一方、パートタイマーとの処遇の差が大きかった。

そこで一九八二年、国、経営者、労働組合の三者が協議して、「ワッセナー合意」を結びます。労働組合は正社員の賃金抑制に協力する。経営者は雇用の維持に努め、同一労働・同一賃金にして、フルタイム社員とパートタイマーの転換を自由にし、短時間勤務を認める。三者国は減税し、国際競争力を高めるための企業投資を活発化し、雇用の増加を実現する。三者が協力して、経済の回復をはかったのです。

とくに、フルタイム社員とパートタイマーの転換を自由にして、短時間勤務を認めたことが、働き方の多様化を促進しました。正社員の賃金が低くなり、パートタイマーと同一労働・同一賃金になると、パートタイマーが増えます。すると、どうなったか。

家庭では、正社員のお父さんの賃金こそ低くなりましたが、お母さんはパートタイムで働きに出て、結果として、家計収入は二人で一・五倍になりました。女性がどんどん働きに出るようになり、雇用が創出されたのです。また、期限の定めのないパートタイム正社員が増えて、人事権の裁量を正社員でも制限する人たちが多く現れました。そうして、国際競争力が上がり、経済成長を遂げたのです。

一時、いわゆるワークシェアリングという言葉が流行りましたが、それは二人の仕事を三人で分けるという、ドイツ型のワークシェアリングを指していました。しかし、オランダ型のワークシェアリングは、家庭内ワークシェアリングです。夫だけが一人、正社員で稼いでいたのが、妻と二人で働く。夫婦がなんらかの制約を受けながら、一・五人分の所得を得るというモデルです。

オランダはこれによってサービス業の競争力をもちなおしました。正社員も、状況に応じて短時間勤務に変えるという、多様な働き方ができるようになりました。日本がこのオランダモデルをめざすのも、選択肢の一つとしてあるのではないでしょうか。

日本もこれから働き方がますます多様化するので、それに対応していかなければなりません。たとえば、「地域貢献」を会社のビジョンとして掲げている会社があります。創業経営者が「地域の人たちから信頼を受けて、いい関係を築いていくことがもっとも重要な地域ビジネスだ」という強い思いをもっている。

そこで、朝早く全社員が出勤して地域の清掃をすることにしました。公園や公衆便所、あるいは学校周辺の清掃をする。ところが、女性の社員がなかなか定着しないという問題が起きました。なぜなら、朝早く清掃に行けないからです。女性は結婚や子育て、弁当の準備、あるいは介護によって時間的制約があるケースが多い。そのため、早朝の地域の清掃ができず、辞めてしまうようになりました。

しかし地域貢献をすることが重要なのであって、それは清掃にかぎらない。子どもがいる人は地元の学校のPTAとして地域貢献をしてもいいし、あるいは介護施設に行ってお手伝いをしてもいい。その人の生活スタイルや個性に合わせてなんらかのかたちで地域貢献をすれば、地域の人たちと多様な接点ができます。全員一斉に地域清掃をするよりも、会社にとってはむしろいいかもしれません。

単純に人材像を画一的な行動に落とすのではなく、さまざまな人たちに適したさまざまな働き方を考える必要があるのです。

社会を疲弊させる分業システム

今後は、輸出型製造業を成長させてきた発想の一部である、分業と管理によって予測可能性と管理可能性を上昇させて生産効率や経営効率を上げるやり方を、少しずつ修正していく必要があると私は考えています。

この考え方は日本の長い歴史のなかで培《つちか》われてきたものですが、日本的発想からの脱却が、これからの人材育成には欠かせない問題なのです。

ポイントは、①分業発想からの脱却、②精神主義からの脱却、③序列概念から役割概念への転換、④人物評価固定化というジェネラリスト発想からの脱却の四点です。順に見ていきましょう。

まずは、一つ目の分業発想からの脱却についてです。日本人は専念することをよしとして、仕事と家庭におけるさまざまなことを過度に分業します。それが地域社会を疲弊させ、専業主婦のいる夫の感受性を低下させています。

たとえば、日本の場合、子どもの学校のPTAに、サラリーマンのお父さんはほとんど来ません。これは欧米では考えにくいことです。地域のコミュニティに貢献する活動にも、お父さんはほとんど来ない。唯一、会社からCSR（企業の社会的責任）の一貫として社員に命じれば参加しますが、自分の意志で地域に貢献することはほとんどない。その結果、地域社会が疲弊してきた側面があります。

男性サラリーマンは仕事一辺倒。こうした過度な分業によって、家庭のことにまったくかかわらない夫、仕事のことをまったく理解できない専業主婦になってしまうのです。そして、互いに感受性が低下して、相手のことがわからなくなっていく。

実際、ある大学の調査では、専業主婦のいる夫と、共働きの夫婦に対して、「家庭は大事ですか？」という質問をして、「一番大事」と答えたのが多かったのは、専業主婦のいる夫でした。

しかし、同じグループに「あなたは家族と一週間で、何時間何分、コミュニケーション（会話）の時間をとっていますか？」という質問をすると、時間が一番短かったのも専業主婦のいる夫だったのです。

つまり、一番大事だと思っている人は、その大事な家族を食べさせるために、会社に「残業しろ」といわれれば残業し、「転勤しろ」といわれれば単身赴任もして猛烈《もうれつ》に働く。その結果、一番大事な家族と話す時間がなくなっているというわけなのです。これは高度成長時代から起きていたことですが、それがいま、副作用として社会の疲弊というかたちで表れています。

さらに、第二子を生まない原因もここに隠れています。ある日本人学者による調査では、第一子を生んで第二子を生まない女性たちに、高い相関関係のある重要な質問が一つありました。それは「第一子を生んだときの出産や当初の育児において、夫が精神的な支えになってくれなかった」といったトラウマ体験がある人は、第二子を生まない確率が高いというものです。

会社の過度な求心力、専念をよしとする考え方が、社会に及ぼした負の影響は大きい。現代の仕事は分業化が進み、同じ仕事に専念しやすくなっています。その仕事に必要な脳の機能ばかり使って、それ以外の機能をほとんど使いません。

パソコンに向かって論理を追求しつづけ、感情はまったく使わないとなると、突然、感情が必要になったときにコントロールがきかず、キレやすくなります。ふだん感情を司る脳を使っていないために、その機能が弱まるからでしょう。

仕事ばかりしていると、仕事に必要な能力は身につかないと私はいっています。若いころはとくに分業で、仕事の一部しかしないので、脳の機能の一部しか使わないケースが多い。しかし、会社でだんだん出世して、マネジメントの仕事をするようになると、総合的な能力が必要になってきます。

経営者がそうです。責任が重くなればなるほど総合的な能力が必要になるのに、若いころに特定の能力しか使わないでいると、新しい役職に就いたときに対応できなくなってしまう。

また、ワーキングマザーなどの仕事と家庭の両立問題も、ややもすると負の側面が強調されますが、仕事と子育てを両方やっているからこその、よい部分も少なくないのです。自分の子どもの教育に自身の自己実現をすべて投影しなくても、自分には仕事の世界があるから、ある意味、子どもを突き放せる。多くの人の理解と支援がないとワーキングマザーはやっていけないので、人を巻き込む能力、人の支援を引き出す能力が向上し、一人で抱え込んで煮詰まるようなことにはなりにくくなる、部門間調整能力が高まる、などいろいろあるでしょう。

一方で、カルヴィニズム的な職務固定の考え方が、「多能工化」を妨《さまた》げることもあります。

欧米では、宿泊施設ではフロントや飲食ホール、調理、お部屋係など職種が細分化され、それぞれが職業として固定化される傾向があるのです。

たとえばリゾート運営会社である星野リゾートは、これとは逆に、育成においてローテーションを重視して多能工化をはかり、他職種への感受性や顧客視点での柔軟な仕事をめざしています。つまり、目の前の客に必要なことは、自分の仕事にかぎらず取り組むという姿勢は、星野リゾートの顧客提供価値と生産性に寄与しているのです。職務固定概念が低い、日本の強みを活かすやり方といえるでしょう。

モチベーションマネジメントの罠

日本的発想として、二つ目に精神主義があげられます。

一九九〇年代に「コンピタンシー」（仕事をするうえで重要な能力）という概念が日本で紹介され、よく使われるようになりました。ピラミッド組織において単純化されている仕事には、コンピタンシーは大して重要ではありません。最低限のスキルとやる気さえあればいい。ところが、社会や組織が複雑になればなるほど、コンピタンシーがないと成果が出せなくなっていきます。

たとえば他部門を説得する仕事、人材育成、新商品の開発といった高度な仕事ほど、専門的知見に加えて、普遍性の高い能力が重要になってきます。これがコンピタンシーです。

営業でいうと、単純な商品を売るために、顧客を何度も訪問してプッシュ営業していくときには、ある程度のスキルとやる気でカバーできるのですが、ソリューション営業や提案営業となると、顧客の問題を解決する能力が必要になってきます。いくら表面的な商品知識やスキル、やる気で押しても歯が立たない。

顧客を観察し、理解して、専門的な知識をもったうえで、ソリューションを提案し説得する。こうした一連のコンピタンシーがないと、営業できない時代になっているのです。

仕事のパフォーマンスを確保するには、三つの条件が必要となります。一つ目は、各人が何をすべきかを理解していること。二つ目は、それを実行できる能力。そして三つ目が、それをやる意欲があること。この三つ目の意欲以前に、認識ギャップと能力不足が、現在の多くの問題の背景にあります。認識ギャップとは、自分はいったい何をしなければならないのかを、そもそもきちんとわかっていないことを指します。

自律的な組織になればなるほど、会社が出すべき価値とは何か、自分は何をすべきかを考えて実行することが必要になります。自分はどういう役割を、どんな場面でどのように果たしたらいいかは、会社のビジョンや行動規範を、しっかり腹落ちして理解していないとできません。それが不十分な状態を、認識ギャップと呼んでいます。

この認識ギャップがあると、会社のビジョンや行動規範とはまるでずれたことをしてしまう恐れがあります。やる気があったとしても、どうしたらいいかわからない。やらなければいけないことはわかったけれども、どのようにやったらいいかわからない。これでは仕事のパフォーマンスが上がるはずはありません。この二つの認識が正確に行われて、なおかつそれができる能力と意欲があってはじめて、可能となるのです。

若い人はやる気がないのではなく、どうしていいかわからなくて躓《つまず》いているケースが多い。それを何でもかんでも「おまえ、やる気があるのか」とやる気の問題にして、すぐにモチベーションマネジメントに傾斜することは非常に危険です。

意味がないとはいいませんが、変にモチベーションをアップさせるような短期的な研修をしても、それはモチベーションではなく、ただテンションがアップしているにすぎません。そんな研修に大金を使っても、持続性がないので無駄なことだと企業は理解すべきです。

仕事が複雑化した現代、能力不足や認識ギャップがあるのに、それを埋めるコミュニケーションが不足しています。若い人はわからないまま一人で抱え込み、やる気で乗りきろうとしている。真面目で社会性が不十分な若手ほど、メンタルな問題を引き起こしやすいので、周囲が気をつけなければなりません。

また、序列概念から役割概念への転換が求められます。中根千枝氏の著作にあるように、日本はタテ社会であり、ヨコ社会に所属することでの安定感がありません。そのため、タテ社会で序列の階段を昇っていかないかぎり、みじめな思いをすることになります。

たとえば、「教えるほうが教えられるほうより偉い」という概念は、伝承を基本とするタテ型OJTをきわめてやりやすくしましたが、変化の激しい時代においては違います。学ばせるマネジメントや、同僚同士の教えあいが重要になってくるのです。つまり、教える、教えられるは、序列ではなく、そのときの時限的な役割にすぎません。

さらには、自律組織で顧客接点での「個別性」に対処しようとする場合など、序列意識が強いと、単純に権限をルールとして委譲しても機能しにくくなります。顧客のほうを向くよりも、上司のほうを向いてしまう。これは顧客接点のホスピタリティビジネスや、プロフェッショナル組織においてはやってはいけないことです。

IBMが一九九三年、ハード売りからサービスとソリューションに大きく舵《かじ》を切った年に、それまでの職務序列的な職務等級制度をやめて、社内プロフェッショナル認定制度を導入したのは、こうした流れを理解してのことでした。

人物評価の固定化が組織を硬直させる

最後に、ジェネラリスト発想からの脱却について考えてみます。

日本のピラミッド組織におけるキャリアステップでは、ジェネラリスト発想に基づいて、定期的なローテーション（人事異動）が行われてきました。優秀な人間は何をやらせても優秀だし、できの悪い人間は何をやらせてもできないという発想が、ジェネラリスト発想です。いろいろな経験をさせながら、ジェネラリストマネージャーを育てるというやり方は、日本企業、とくにピラミッド型製造業のよさを発揮するものでした。

一方、人物の評価が固定化すると変えられないという短所もあります。何をやらせても優秀な人間と、何をやらせてもできない人間に、最初から分かれて固定化してしまうのです。

そして、優秀か優秀でないかの人物評価は、十八歳の時点でどの大学に入れたかによってなされることが多々ありました。そのために、社会人が大学や大学院に入学して学びなおすことが、日本では極端に少ない。学部時代にどの大学にいたかが重視されるので、社会人がもう一度学校に戻り学位を取得することを、社会が評価しないと思うのでしょう。

変化が激しく、専門性も要求される時代に、体系的な学びなおしは非常に重要であるにもかかわらず、この評価の仕方が、社会人による学びなおしの抑制につながっています。

しかし、これは仕事の専門性が低く、単純化していた時代の発想なのです。これからの時代は、学びつづけるかどうか、自己変容できるかどうかが重要になってきます。

育成型の多面フィードバックで重要なのは、初回の点数以上に、上司や部下、同僚からの評価から何か気づきを得て、自分を変容させることができるかどうか。

大阪の高校で体罰を行う体育教師の問題がありましたが、自分が育成されたように部下を育成してはなりません。先に述べた、相撲協会、サッカー協会のように、人材育成には専門性と学び、変容が求められます。

自分はこのように育てられたけれども部下はこう育てよう、あるいは、いままで組織はこうしてきたけれど、環境が変化したから変えないといけない、と考え、それを実行することが重要なのです。

第Ⅰ部では、サービス業における雇用の質を上げていくための前提条件として、優先順位の高い取り組みや発想の転換を紹介しました。いよいよ第Ⅱ部では本題に入ります。サービス業化する日本企業において、生産性と雇用の質を向上するために、もっとも重要な概念である組織の人材育成能力について論じていきます。

第Ⅱ部

会社を変える人材育成戦略

第4章 人材育成力を高める取り組み

寄ってたかって育てる

第Ⅱ部では、第Ⅰ部で見た問題の解決方法を考えていきます。

中堅・中小企業が多いサービス産業や、サービス業化した業界では、どのような人材育成のあり方が求められているのでしょうか。もちろん、大手製造業のノウハウがまったく通用しないわけではないし、すべてのサービス業に対して一律に適応できるような、人材育成の正解があるわけでもありません。

大事なことは三つあります。

①タテに教えるだけでなく、ヨコやナナメの関係で「みんなで育てる」「学びあい」といった発想。ある企業の人は「寄ってたかって育てる」と表現していた。

②「個別性」が高いサービス業特有の感受性や応用力を育てる人材育成。やり方を教えること以上に、自分で考える習慣を身につけさせなければならない。

③企業の強みを支える人材育成。求められる人材像や事業ビジョン、企業規模などと適合した、その会社らしい独自性の高い人材育成を行う。

サービス業の人材育成を考えるときに、この三つの視点をもつことが重要なのです。

日本特有の新卒一括採用終身雇用や、ピラミッド的人員構成、キャリアパスを前提とした、上司・先輩と部下・後輩の関係でのタテ型ＯＪＴだけでは、不十分な時代です。

新たな人材育成の概念をどう広げるか。サービス業の職種分類でいえば、オペレーション型にも、想定外の事態に自分で判断して対応する能力が求められます。

東日本大震災での「大川小学校の悲劇」と比較されるのが、「釜石の奇跡」です。釜石市の小学生、中学生の生存率は九九・八パーセントでした。これは、ふだんからお父さん、お母さん、先生とはぐれて、子どもたちだけのときに大津波警報が出たらどうするか、自分で判断して行動するという災害教育を釜石市が徹底的に行ってきたことが、効を奏したといわれています。

「個別性」や「専門性」が高くなってくると、さらに高度な応用力が重要になります。

ＡＮＡをはじめいろいろな航空会社で、全機長の受講が義務づけられている、「ＬＯＦＴ」（ライン・オリエンテッド・フライト・トレーニング）と呼ばれる訓練があります。

飛行機は昔に比べるとほとんど故障しなくなりました。たとえば、エンジン停止などのトラブルがほとんど起きなくなった。そのため、仕事に熟練しても、緊急時に対応する能力がまったく身につかないという皮肉な状況が起きています。そこで、毎年一回、わざと滅多に起きないような事故をシミュレーターで次から次へと起こし、訓練するわけです。

ここで重要なのは、「ＣＲＭ」（コックピット・リソース・マネジメント）という概念。自分自身で勝手に決めるのではなく、副操縦士やキャビンアテンダント、地上との交信も含めて、さまざまなリソースから情報を得て、その人たちにも手伝ってもらいながら的確に判断し、安全に飛行機を運航するという考え方です。

たとえば、操縦士と副操縦士の権威勾配《こうばい》がきつすぎたり、コミュニケーションの仕方があまりにも一方的で独善的だとどうなるでしょうか。立場が下の人間が重大な指摘をしようとしても、立場が上の威圧的な人間に対して強く主張できず、事故に至るということが実際に起きています。

そういう点についても、訓練の際にすべて録画しておき、あとで教官と見ながら、「この言い方だとＣＲＭがうまくいきませんよね」「こういうときに、どうしてもっとこの人たちから情報を得ようとしなかったんですか」と反省するのです。

船の世界でも、このＣＲＭ同様、「ＢＲＭ」（ブリッジ・リソース・マネジメント）が、船長のトレーニングに広く使われています。

医療の現場では、医療機器の大手、テルモが神奈川県に所有するメディカルプラネックスという施設で、シミュレーション型のトレーニングを行っています。

テルモの製品は体温計がもっとも有名ですが、それは売上の数パーセントにすぎません。いま、主力商品の一つはカテーテルです。こうした医療器具の研究開発センターの隣には、大きな研修施設があります。

これは社員用ではなく、お客さん用です。医療機関の医師や看護師に、本物そのままの手術室で、判断とチームワークのシミュレーション型トレーニングを行っています。

私はその様子を見せてもらいました。画面を見ながら、カテーテルを人間そっくりにつくられた人形の心臓のなかに入れて、操作する練習ができます。さらに手術のシミュレーションでは、「血圧低下」などの緊急事態が起きたりする。

これは、新人看護師の育成のために使われているそうです。もともと看護師は、徒弟制度に近いかたちで育てられていました。何か間違えたりすると、「何してるの！　私たちは患者さんの命を預かってるのよ！　しっかりしなさい！」と、先輩の看護師や医者に怒られながら、現場で叩き上げられてきたのです。

ところが最近は、一人前になる前に自信を失って辞めてしまう人が増えている。そこで三年以内に、「私は看護師としてやっていける」という自信をつけさせる必要が出てきたのです。そのための育成に、こういう仕組みが非常に有効だと、その施設に来ていた医師がいっていました。

シミュレーションが応用力を生む

また、「オペレーション業務」では凡事徹底も重要です。凡事に見える仕事を確実に正確に行うことで、ほかの職種の人たちの仕事とどう関連し、顧客の安全にどう重要なのかを学ばせます。

JALやANA、JR東日本では、事故の資料館を建設し、凡事徹底の重要性と意味を腹落ちさせる教育を行っています。たとえば、JR東日本では白河市の研修所に、戦後の有名な事故である三河島事故のジオラマまでつくっています。事故はなぜ起きたのか、そのときのさまざまな残骸《ざんがい》や部品、当時の証言などをすべて展示しています。それを見ると、事故の恐ろしさを新入社員も管理職もひと目で納得できる。事故や故障が滅多に起きなくなっただけに、こういう教育が大切なのです。

ＡＮＡでは、雫石《しずくいし》、羽田沖、松山沖といった三大全損事故について、同じような展示がなされています。さらに、一人ひとりの凡事徹底がいかに重要かを、ストーリー仕立てのビデオにしています。

たとえばチェックインカウンターで、修学旅行を引率する先生が生徒全員ぶんのチェックインにやってきました。そのときに先生は、「子どもたちは四〇名です。よろしくお願いします」といいました。チェックインカウンターの人は、「子どもたち」と聞いたので、本人たちを目視で確認することを怠《おこた》り、"infant"（子ども）と入力しました。

これによって、通常の大人の体重より低い体重で、その席は設定されました。しかし、修学旅行に向かうのは、じつは高校生だったのです。学校の先生は、生徒が高校生でも「子どもたち」という表現をよく使います。そして、修学旅行の「子どもたち」は通常、最後部に乗ります。

このとき、貨物係が、コンテナを貨物室に入れている最中にだれかに声をかけられて、最後の一個だけにストッパーをかけるのを忘れてしまったとします。

こういった失敗が重なると、離陸のために飛行機の首が上がった瞬間、「子ども」ではなく高校生だったために最後部が重くなり、かつ最後の荷物のストッパーが止まっていなかったために、コンテナがずれて後ろまで動いてしまいます。それによって、離陸した瞬間に飛行機がお尻を打つ事故が起こりうる――。

これは実際にはなかった話ですが、こうしたストーリーをつくって、いかに一人ひとりの凡事徹底が重要か、だれかが一つミスをしても何も起きないかもしれないが、偶然に二つ、三つのミスが重なると大事故が起こりうるということを理解させています。

凡事徹底は習慣化することが基本ですが、もっとも大切なのは、腹落ちさせることです。何のためにやるのか、なぜ重要なのかをしっかり腹落ちさせるために、実際の事故の悲惨さを見せます。事故はどういうふうに起こるのかをストーリーで理解させる。それで初めて凡事徹底の意味が腹落ちできるのです。

こうした教育は、サービス業の「オペレーション業務」ではとくに重要になってきています。一方、「顧客接点サービス業務」では、肉体労働、頭脳労働に対して「感情労働」という言葉があるように、個別の顧客への感受性を高めるための教育や育成が重視されます。

上司・先輩が教えるというより、個別の体験を共有する人材育成をする。そうして人の感情を学び、応用力につなげるのです。

先に述べた沖縄教育出版の日本一長い朝礼は、この感情脳のトレーニングやウォームアップに大きく寄与していると私は感じています。心の知能指数といわれる「EQ」(Emotional Intelligence Quotient)と定義される能力が、とくに求められるからです。これはホスピタリティビジネスやキャビンアテンダント、看護師といった、接客型販売職、オペレーション業務などにとっても必要な要素です。

プロフェッショナル型の場合は、「専門性」を基礎と理論からしっかり学ぶことも重要。OJTによって先輩・上司の背中を見て学ぶだけでは、プロフェッショナルとしては不十分なのです。プロは徒弟制度で育つと思われるかもしれませんが、基礎と理論、歴史的背景などからしっかり学んでいかないと、応用力のあるプロにはなれません。

基本としては、みずから学びつづけ、変化する環境に対応していく。内省に基づくキャリアを切り拓く。そういった習慣を身につけるべきです。

離職率を大きく下げたサイバーエージェント

独自性の高い、テーラーメードの人材育成が、日本企業にとって非常に重要であると前述しました。

例として、アメーバブログを運営するサイバーエージェントと、スターバックスコーヒー

図表13　サイバーエージェントの社員数と離職率の推移

	2003	04	05	06	07	08	09	10	11	12
社員数（人）	499	803	1,284	1,456	1,629	1,794	2,139	1,822	1,854	2,527
離職率（%）	19.1	15.1	15.8	20.4	19.2	11.6	10.4	12.7	11.4	9.1

ジャパンの取り組みをご紹介します。

この二社は、テーラーメードの人材育成の手法を開発し、非正規社員や若手社員の定着率、成長を格段に向上させています。そして私が沖縄県の人事育成推進者養成講座で、事例としてご出講いただいた企業です。また、看護師という特定の職業で、早期離職率を政策的に低下させた事例も紹介します。

まずサイバーエージェントでは、創設初期の成長段階では、ITに詳しくないが組織経験がある中途採用の管理職と、最新のITに詳しい新卒部下のあいだで問題が多発し、きわめて高い離職率でした。

しかし、人員規模の成長は継続しながら、図表13にあるように、二〇〇八年を境に大きく離職率が低下しました。年間一〇パーセント前後までに落ち着いています。

その理由として、二〇〇五年に人事本部が設立され、さまざまな施策が実行されたことがあげられます。ビジョンや価値観の明文化、伝達が徹底され、そのあとに、社員一人ひとりに光を当てる表彰制度や褒《ほ》める風土の確立、イントラ版「私の履歴書」、さらには社員同士のつながりを強化するための飲み会補助、サークル補助が実施されました。同時に、新規事業提案制度や公募制度などでキャリア自律の風土を確立し、やる気がある者には機会を提供する土壌を整えたことも効いているのでしょう。

すでに入社まもない若手社員が、新規事業の提案によって子会社の社長になる例も出ています。これらを確実に実行することで、企業の雇用環境や雇用の質を、大きく改善することが可能であると示されました。

アルバイトの質が高いスターバックスコーヒージャパン

スターバックスコーヒージャパンは、非正規のアルバイトが二万人で、学生アルバイトが多い企業です。アルバイトの離職率は、なんと年間三五パーセント。つまり平均三年程度、学生アルバイトの場合、多くの人が卒業まで働きつづけるということでしょう。ちなみに日本の典型的な小売などのアルバイト・パートの離職率は、年間一〇〇パーセント程度といわれていますから、この離職率の低さは驚異的です。

スターバックスでは、この三年のあいだに四段階のステップで成長させています。ショート、トール、グランデ、ベンティの順です。グランデ以上は、アルバイトがアルバイトを指導できるようになります。

毎年三〇〇〇人程度が大学卒業を理由に退職し、そのうち、約三分の一が新卒での入社を希望します。大卒の新卒正社員は数十人しか採用しませんから、大変狭き門です。

スターバックスで三年間、アルバイトをしてきた人は、ほかの会社で面接を受けても、考え方がしっかりしているといわれています。スターバックスでのアルバイト経験は、就職に有利だという都市伝説まで生まれつつあるそうです。ある意味、これはアルバイトを通じた一種のキャリア教育ともいえるでしょう。

アルバイトの離職率が低いうえに、成長することで仕事のレベルが上がり、育成など正社員業務の一部までやってくれるので、生産性も上がるという人材育成モデルです。

ここで重要なのは、離職率が低いことは当然ですが、アルバイトでも生産性を上げられるということ。非正規も含めて雇用の質、成長を提供することで、事業の発展にも寄与することがわかります。つまり、「アルダファのＥＲＧ理論」は正規社員だけではなく、非正規にも適用されるという事例なのです。

この逆の典型例として、居酒屋チェーンを見てみましょう。

店長が一所懸命働いている。社長もビジョンがある。しかしアルバイトにインタビュー調査をすると、「仕事は楽しいです。ここで働くのに満足しています」と答える人はけっこう多いのに、離職率は高い。「正社員にならないか」と声をかけると「嫌です」という。正社員になった店長もすぐ辞めてしまう、といったことが起きています。

これは「アルダファのERG理論」の"Relatedness"＝関係で、モチベーションが止まっているからです。その人たちに「ここで働くのは何が楽しいですか」と聞くと、「お客さんもいい人がけっこう来るし、社員さんもいい人だし、アルバイト同士も仲良しなんです」と答えるのですが、「それならなぜ辞めるのか？」と聞くと、成長がなく同じことの繰り返しだからといいます。

店長が責任をもって駆けずりまわっているのですが、ほんとうはもっとアルバイトに権限を委譲して、成長させることができれば、店長が一人で責務を負う必要はなくなるかもしれません。

ところが、そうやって働く店長を見て、「私はあんなに働けません」「正社員にはなりたくない」という人が多い。そのためアルバイトは店長になりたがらず、店長になったら辞めてしまう。これはよくある話なのです。

つまり、"Existence"＝生存、"Relatedness"＝関係も大事なのですが、それだけでは問題は必ず残ります。アルバイトであっても店長であっても、"Growth"＝成長が必要になってくる。それをスターバックスは証明しているのです。

とくにスターバックスの場合は、サービスマニュアルのない会社ですから、従業員が育つのに時間がかかります。そうすると、長く勤めてもらって成長させることが必要になる。

なぜサービスマニュアルがないかというと、ヘビーリピータービジネスだから。ほかのファストフードと違って、月間来店回数が約一六回から一八回と一時期、米国ではいわれていました。つまり、毎日のように店に来る人がコアユーザーとなります。

スターバックスには「サードプレイス」という提供価値のビジョンがあります。家と職場や学校を往復するあいだに、一日一回は寄ってしまう第三の場所という意味です。そこでくつろぐための時間を顧客は買う。

「経験経済」という言葉がありますが、のんびりするための場所と時間をスターバックスは売っている。コーヒーは習慣性の高い商品なので、ヘビーリピーター化していく。それによって会社が儲かるというビジネスモデルです。

当然、サービスも紋切り型のマニュアルではないかたちが要求されます。客のほとんどがリピーターですから、いいサービスを提供していくためにも、長く勤めていて常連客の顔や好みがわかっているようなアルバイトがたくさんいるほうがいい。勤めているうちにアルバイトも成長していくから、マニュアルなしでもやっていけます。

アルバイトの成長と、このビジネスモデルが連動している点が大事なところです。断片的に真似して、「マニュアルを廃止すればいい」といった単純な話ではありません。

若手看護師を定着させるには

看護師の世界では、離職率が高いことが深刻な問題となっています。

夜勤が少なくないなかで、女性が主体の職場であることによる課題も山積みです。とくに出産育児による離職後の復職の問題、医療機関特有の事故が許されないプレッシャー、モンスターペイシェント問題の深刻化、そうした厳しい環境で、若手の早期離職が非常に多くなっています。

大手の大学系医療機関ではまだしも、中堅・中小病院では、昔ながらの徒弟制度的な人材育成に終始してきたことが大きな問題でした。

ある医師の言葉です。「長い期間、経験すればだれでもそれなりに仕事ができるようには

図表14　看護職員の離職率（2007〜11年度）

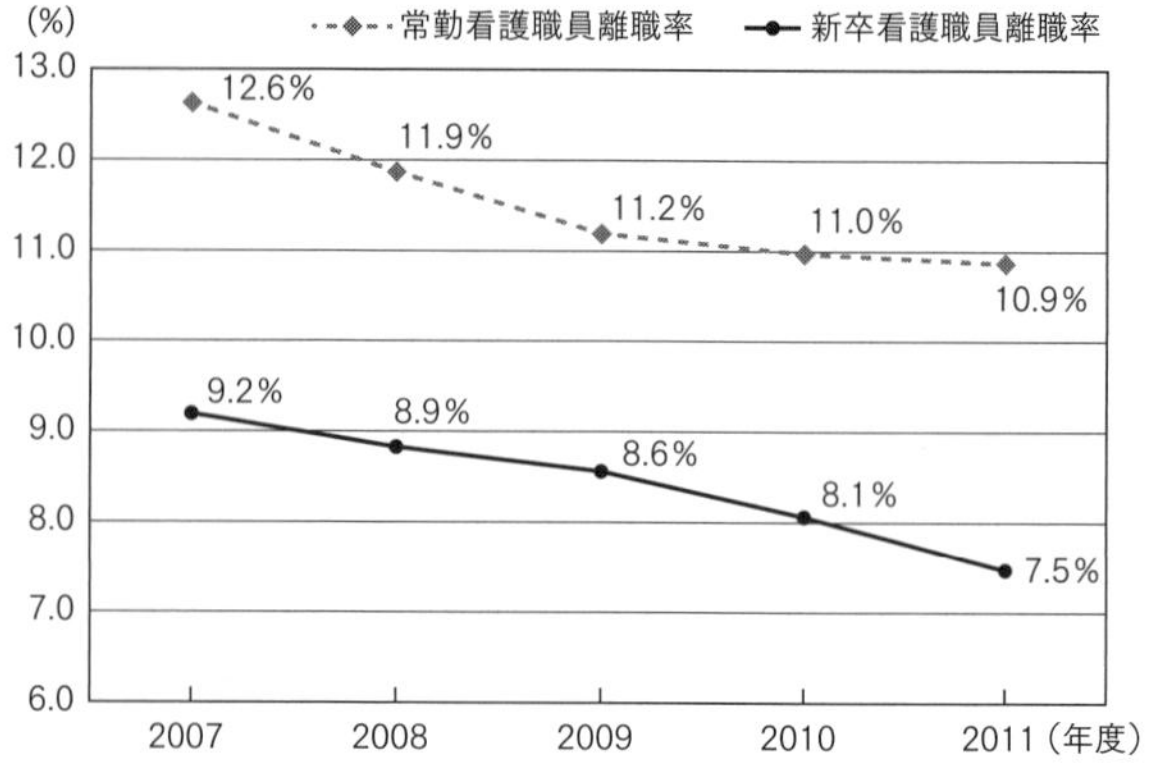

出所：公益社団法人 日本看護協会

なるが、それでは困る。そのあいだに事故や問題が起きたらどうするのか。そして自信をもてずに離職する看護師が増える」。初任者の早期育成が、多様な意味で雇用の質、サービスの質にかかわっていることがわかります。

こうした状況のなかで、二〇一〇年四月から、新人看護職員研修が法改正によって努力義務化されたことは大きな出来事です。これは厚生労働省が主導しました。

具体的には、国の新人看護職員研修事業として、自治体委託で指導者研修を実施します。病院は新人指導担当者を送り込み、申請した病院などには補助金を出す制度も設けました。これで中堅・中小の病院も本気で若手の育成に取り組むようになったのです。

最初のころに比べると、指導者研修に出席する看護師も、それぞれの病院のエースクラスが多くなったといいます。さらには看護協会などの取り組みによって、看護師のキャリアパスを、従来の看護師長や看護部長のような昇進ばかりでなく、認定看護師、専門看護師といった多様な成長ステップとして可視化したことも寄与しています。

その結果、離職率が低下してきています（図表14）。とくに二〇一〇年以降の下がり方は、この法改正の影響が大きい。

これは特定企業の事例ではありませんが、看護師という職種でも、初期キャリアの育成に力を入れれば、離職率がこれだけ下がるということがわかります。

ホワイト企業の評価基準

独自性の高い人材育成を行っているホワイト企業かどうかは、どのような基準で判断したらよいでしょうか。人材育成にどれだけしっかり取り組んでいるかについて、外から評価する方法を考えていきます。

世界に展開している企業のうち、新しい企業評価基準によって人材育成力や雇用の質を問う仕組みを、二つ紹介します。

一つは、ＩＩＰ（Investors in People）。これは「人材に投資する会社」という意味です。

一九九一年、英国のサッチャー政権下で、いわゆる「英国病」といわれる、国民の勤労意欲低下や社会保障負担の増加が起きました。これを克服するためには生産性向上が必要であり、生産性向上には人材育成が不可欠だという問題意識から始まった企業（組織）認定制度です。

最初は、政府系機関や大手企業に導入されました。政府の外郭団体や英国を代表する、たとえばブリティッシュ・テレコムのような会社を人材育成企業と認定し、ＩＩＰの制度自体の認知度を上げていったのです。その後、徐々に中堅・中小サービス業のあいだでも、この認定を受けていると人材の採用がしやすいと認知されていきました。

「どんな会社かよくわからないから危ない」といわれていた会社を、「ＩＩＰの認定を受けている会社だから、きちんと人を重視している会社だ」といった認識に変えたのです。中堅・中小企業が努力してＩＩＰを取るようになり、広く普及しました。

図表15は、ＩＩＰの認定要件です。各要素には三〜六項目の基本要件があり、認定を受けるにあたっては三九項目すべてに対して要件を満たす必要があるとされています。

この制度の大事なところは、たんなる表彰や認定自体に重点があるわけではないというこ

図表15　IIP認定の基本要件

1. 計画、プランニング（PLAN）	01. 戦略（Business Strategy） 成果を出す組織となるための戦略が明快に定義され、理解されている
	02. 学習と開発戦略（Learning and Development Strategy） 組織の目的を達成するにあたっての能力開発が策定されている
	03. 人材マネジメント戦略（People Management Strategy） どの人にとっても平等に能力開発の機会が与えられるように、人材マネジメント戦略は策定されている
	04. リーダーシップとマネジメント戦略（Leadership & Management Strategy） マネージャーが部下をリードし、管理し、開発するにあたって求められる能力が明快に定義され、また理解・共有されている
2. 実践（DO）	05. 機能するマネジメント（Management Effectiveness） マネージャーは、人々をリードし、管理し、育成している
	06. 承認と評価（Recognition and Reward） 人々の組織への貢献が承認され、また評価される
	07. 参画とエンパワーメント（Involvement and Empowerment） 人々は意思決定のプロセスに参加していくことで、オーナーシップや責任感を持つことを後押しされている
	08. 学習と能力開発（Learning and Development） 人々は効果的に学習し、また能力開発されている
3. 振り返り（REVIEW）	09. パフォーマンス指標（Performance Measurement） 人的資産への投資が、組織の成果に改善をもたらしている
	10. 継続的な改善（Continuous Improvement） 人材マネジメントと開発に向けた継続的な改善がなされている

と。たんに認定するのであれば、表彰制度と同じです。日本にも表彰制度はたくさんありますが、数社しか表彰されない。表彰された会社の経営者は喜びますが、すでに制度の整った会社に対して、立派な会社だと表彰するだけでは意味がありませんし、一過性のものとなってしまいます。

このＩＩＰには、まだ制度が不十分な会社に、認定されたいというモチベーションを与え、コンサルタントを受け入れることで人材育成企業に生まれ変わらせる、というプロセスがあります。いままで人材育成をどうしていいかわからなかったような中堅・中小企業も、この認定を受けたいがためにコンサルタントの指導を半年、一年と受けて、雇用の質を上げていく。三年に一回は再認定のプロセスもあります。

人材育成企業を社会的に可視化すること以上に、この認定制度を通じて人材育成への取り組みを強化する企業が増える点が重要なのです。また、基準自体も、人材育成の結果ではなく、全体として適切で効果的な取り組みがなされているかという育成努力を問います。

英国では、中堅・中小企業の採用力が上がるという観点からも、経営者がメリットを感じて認定取得のために努力するケースが多い。ＩＩＰが成功を収めたので、英国はこれを民営化して、ほかの国々にＩＩＰの制度をそのまま導入することを商売として始めています。

「働きがいのある会社ランキング」のつくり方

もう一つの評価基準が、ＧＰＴＷ（Great Place to Work）。これは「働く人にとってグレートな会社」という意味です。数年前から、この日本版が実施され、「働きがいのある会社ランキング」と呼ばれています。

このＧＰＴＷを日本に導入したとき、「働きやすさ」と「働きがい」のどちらを名称として用いるかという議論がありました。働きやすさよりも働きがいを重視することを明確に打ち出すために、「働きがいのある会社ランキング」と翻訳したそうです。

これは米国の基準で、毎年発表されています。この取り組みは、八〇年代にジャーナリストのロバート・レベリング氏が始めました。彼はもともとブラック企業の取材をしていて、人を使い捨てにするひどい企業があることを記事にしては世の中に訴えていたのですが、取材を進めていくうちに、その逆の会社を明らかにする活動に転じました。

「あなたはブラック企業ばかり取材しているけれど、ホワイト企業もありますよ。一所懸命に人を育成するいい企業のことも取材したら？」といわれたことがきっかけだそうです。それから、いろいろな企業にヒアリング調査をして、ホワイト企業に共通する特徴を導き出しました。

社員にとって働きたい会社の条件は、働きやすさではなく働きがい。そこに注目できるため、参考になります。

ＧＰＴＷの評価において、三分の二は社員向けのアンケートに配点されます（図表16）。残りの三分の一は会社側の取り組みについての評価で、レポートを提出してもらいます。

前述のＩＩＰは国の制度でもあり、膨大なアプリケーションを書かされるようなイメージがありますが、基本的には書類による審査ではなく、ヒアリングによる審査がなされます。

中堅・中小企業に膨大な書類を埋めるための負担をかけないという考え方によるものです。

一方、GPTWは、企業がこの認定を申請し、社員アンケートや経営者インタビューなどで協力するもの。何十社もの会社がお金を払って自社を審査してもらうことによって成り立つ制度です。ランキングが公表されると、企業側も多様な広報活動に活用できるというメリットがあります。

たとえば五〇社の会社を審査したら、トップ二〇しか発表しません。せっかくお金を払って審査してもらっているのに、五〇位という低すぎる評価をオープンにされても困ります。だから、一定ランク以下は発表しない。どこの企業がこの審査に申請したかも一切明かしません。

質問項目からもわかるように、「働きがい」というものを幅広く見て、人材育成の具体的な施策以上に、人を尊重する企業風土的な部分を重視しています。

すでに米国や欧州では、働きがいのある会社、雇用の質の高い会社をどういう基準で見ていくか、その基準の枠組みがいくつかできあがっています。

日本企業の中堅・中小サービス業では、どんな要件で人材育成企業かどうかを見るのか、あるいは何をすることによって人材育成企業になるのか、これらを見ると参考になります。

図表16 「働きがいのある会社ランキング」アンケート項目

（社員向け）

要素	内容	
信用	●率直で円滑な双方向コミュニケーション ●目標達成に向けた、人材その他資源の調整がとれている ●インテグリティを重視、一貫性をもってビジョン遂行	信頼
尊敬	●従業員の専門性を高める支援、敬意と感謝を示す ●重要な意思決定は従業員と検討する ●人として大切に扱い、個々の生活や家庭を尊重している	
公正	●従業員に対して公正な報酬を提供 ●採用、昇進/昇格におけるえこひいきのなさ ●差別なく、従業員が会社に意見や不満を伝える制度が整う	
誇り	●自分の仕事と役割に誇りがもてる ●会社やチーム、グループが推進する仕事に誇りがもてる ●組織が提供する商品サービスや社会から受ける評価に誇りがもてる	
連帯感	●自分らしくいられる環境 ●好意的で人を歓迎する雰囲気 ●家族、チームといった連帯感が育まれている	

（会社側の取り組みの評価）

組織業績の達成	触発する（Inspiring）	自分たちの仕事は「たんなる仕事」ではなく、重要な意味があると感じてもらうための仕組み、取り組み
	語りかける（Speaking）	組織の重要事項を共有化する仕組み、取り組み
	傾聴する（Listening）	声・意見をマネジメント層が吸い上げ、対応する仕組み、取り組み
個人としての力を最大限に引き出す	育成する（Developing）	能力開発の機会、取り組み
	感謝する（Thanking）	成し遂げた仕事・努力に対する感謝を示すための仕組み、取り組み
	配慮する（Caring）	個人として大切にする仕組み、取り組み
チームとして共に働く	分かちあう（Sharing）	利益をみんなで（社会も含む）分かちあう仕組み、取り組み
	祝う（Celebrating）	成功体験や楽しい経験のなかから連帯感を生む仕組み、取り組み
	採用する＆歓迎する（Hiring）	よい企業文化を継続するための採用活動や新入社員歓迎の仕組み、取り組み

第5章 ホワイト企業の条件

人材育成企業になる方法

ここまで見てきたように、サービス業の人材育成については、業種職種特性や企業特性などにより、多様な視点、多様なアプローチが必要となります。それらの手法には、もちろん製造業でも有意義なものが少なくありません。

本書ではサービス業に主眼を置き、さまざまな企業事例や認定制度を調べていくことで、中堅・中小企業にも適応可能なものとして、人材育成企業の基本となる枠組みを、できるかぎり網羅的に作成します。

サイバーエージェントやスターバックス以外にも、介護や観光、あるいはＩＴサービス業などの典型的なサービス業へのヒアリングを何社も行いました。

これから述べる人材育成企業の要件としての五分野一五項目は、それらの事例研究に加えてＩＩＰやＧＰＴＷの仕組みも参照し、雇用の質から企業を見るための枠組みとして作成したものです。とくに働きがいという観点から評価するために、重要な項目を整理しました。

人材育成企業としてのホワイト企業がめざすべき五つの分野と、それを達成するためには具体的にどういった手順を踏んだらいいかを、それぞれ三項目ずつあげています。

もちろん、これらすべてが網羅的にできていなければ、人材育成企業ではないという必須条件ではありません。むしろ一五項目を自社に当てはめて、いま、何から手をつけなければならないのか考えるためのものです。自社の強みを中長期的に発揮、強化していくための戦略を立てるために、複数の分野に優先順位をつけて、具体的な施策に落とし込むといった流れを想定しています。

一方で、すでに中堅・中小サービス業のいくつかの企業で、経営幹部を含めてこの一五項目による分析を実行してもらいましたが、求める人材像が不明確だと、やはり先に進めないという感想が多くありました。

最初から、若者の離職率を低減させるという視点からのみ施策を打つのではなく、当社はどういう意図で、どんな人たちを、どう重視して、どのようにマネジメントを行うのか、それが企業の成長や収益性、生産性、ひいては労働条件にどのようにいい影響をもたらすのか、そうした経営的視点がないと、人材育成へのコミットメントを長期に継続させることは難しいでしょう。

人を大切にする素晴らしい経営をしている会社の話や、その経営者の講話を聞いて、気分が高揚し、いい話を聞いたと思って帰るだけでは、精神論で終わってしまいます。

五分野一五項目の要件を整理して構成したものは左記のようになります。

1　ビジョンと人材像の実質化
1−1　ビジョンと人材像の明確化
1−2　人材像に基づく採用・評価・登用
1−3　ビジョンと人材像の浸透・共有
2　コミュニケーションを通じた人材育成
2−1　コミュニケーションを通じた相互理解と支援
2−2　フィードバックによる気づきを通じた能力開発
2−3　相互に学び支援し啓発しあう組織
3　仕事を通じた人材育成
3−1　仕事及び必要能力の体系化可視化と自身の能力水準の把握
3−2　仕事における背伸びを通じた能力開発と成長
3−3　キャリアステップの提供による成長の継続
4　職場育成機能を補完する人材育成投資

4―1　十分な初任者導入教育
4―2　職場では得られない特定スキル・基礎理論や教養の獲得
4―3　長期的視点の意図的なコア人材育成投資
5　人・仕事・キャリアへの取り組み姿勢の形成支援
5―1　個人に焦点を当てた人間尊重の風土と人への関心
5―2　気づきや腹落ちをとおしての仕事観や仕事への取り組み姿勢の形成
5―3　高い視線や広い視野をもったキャリア自律の意識の形成

1　ビジョンと人材像の実質化

まずは、求める人材像を規定します。いろいろなビジネスモデルがありますが、どういう会社になりたいのか、そのなかで、どう自社の強みを訴求していくのかについて考えるのです。

どういう会社になりたいのかは、そこで活躍する人、価値を出す人、まさにヒューマンキャピタル（人的資本）としての経営の根幹である人のイメージを規定することと一体でなければなりません。

人が経営の基本だとはよくいわれますが、その会社としての独自の人材像を明確にすることが必要です。人材育成は一般論で語っても仕方がありません。

ある大手小売業の経営幹部が、「うちで立ち上げようとした新事業の失敗の原因のほとんどは人である」と述べていました。その意味は、「事業の絵はきちんと描けていたが、それを実現できる人材像を特定しておらず、その人材の確保、育成ができていなかった」ということです。

たとえば日本でいうと、ＩＴが一九九〇年代にソリューション化したときも、それまでのモノ売りとしてのＩＴとソリューションとしてのＩＴで、いかに人材像が違うかを明確にし、そういった人材の育成に十分な時間とお金を投資しなかったことが、あとあと、日本の総合電機企業やＳＩ企業、システム開発系企業で、大きく足を引っ張ることになりました。

新しいビジネスモデルのビジョンにおける人材像を明確にし、その実質化をはからなければなりません。実質化とは、かたちとして定義するだけではなく、実際にそれが共有されて機能している、実質的に機能している状態を指します。

ただし、ビジネスモデルが変化すれば人材像も変化します。異質な事業を複数行っている会社の場合、それぞれの事業特性がめざすビジネスモデルと連携した人材像と、会社として共通の人材像の二層が存在します。ですから、あまりにも事業や職種の多様性や時間軸を超えて、普遍性の高いものをめざすと、ミッションや行動規範の記述としてはよくても、人材育成のための人材像としては絞り込み不足になりがちです。

「あるべき姿」を定義する

働きがいを大切にした人材育成の枠組みを立てた場合、それぞれの課題が達成できているときの「あるべき姿」をイメージすることが求められます。また、それに即した自己診断としての「質問」を、随時行っていく必要があります。

自社の「あるべき姿」を明確に定義して、「質問」に自問自答してみてください。

1－1 ビジョンと人材像の明確化

あるべき姿　組織のめざす姿、行動規範、期待される人材像、生み出すべき価値などが明確に定義されている。

質問　企業組織のめざすべき将来ビジョン、行動規範などは明確に定義されていますか？

求める人材像は、ビジョンや行動規範と整合性をもって定義されていますか？

インタビュー調査でヒアリングした企業の人材像の例としては、「どう生きたいのかという人生観をしっかりもっている人、どういう価値観で仕事に取り組むのかをしっかりもっている人」「自分の家族にしてほしいと思うサービスを提供する」「素直である、物事をありのままに見る、事実にきちんと向きあえる」などの回答がありました。簡単な文章ですが、いいたいことがストレートに生き生きと伝わってきます。

中堅・中小企業でも、最近は外部コンサルタントの支援で、仕事において求められる要素をピックアップした人材要件書や、コンピタンシーリストを作成しているところが少なくありませんが、その多くは職能資格制度時代からの制度設計の思想でつくられています。あまりに網羅的、かつ正確に何段階にも分けて制度基準として作成されているため、人材像として鮮明には浮かび上がってこない「死んだ文章」になっている。「人材要件書をつくったのですが実際には使えない」という話を、私は中堅・中小企業から何度も聞きました。それは、具体的にイメージできるかたちで、人材像が明確化されていないということです。

そうならないようにするには、成熟市場における顧客のリピートと収益性の基礎となる、あるいは競争上の優位性差別性になる提供価値を絞り込み、それを創造し提供できる人材の能力をイメージすることが、やはり基本なのです。

すべての項目で五点満点をとることは無理です。たとえば外食産業でいえば、接客、価格、メニューの多さ、味、店の雰囲気のすべてがオール五になることなどありえません。どれを売りにするのかを絞り込まないといけない。

たとえば重要な項目が一〇個あるとすれば、そのうち二つか三つで五点を狙い、残りは三点でよしとする考え方です。もちろん一点があってはなりません。どんなにおいしくて素晴らしいサービスでも、店の主人が客にけんか腰というのは、だれもが勘弁してほしいと思うでしょう。

提供価値のなかで、どの項目も三点を死守するという観点は必要です。しかし、たとえば食中毒を出さないだけでは五点にはなりません。「この店、大好き。だって食中毒にならないから」とはだれもいわないからです。

独自性をどのように出すか

では、どの項目を売りにして五点をめざすのか。それをしっかり考えます。三点死守の部分は、競合に比べてそれほど高い独自性を考える必要はありません。だいたいにおいてノウハウがあるので、ほかの業界や会社の真似をして使えるものがかなりあるはずです。

ところが、五点を創造するには、高い独自性が必要となります。どこで勝負するのかを絞り込むことが、独自性につながります。五点の創造は、その会社の人材像や人材育成での独自性が、一番出るべきところです。

自社がサービス業としてどこで勝負するのかを絞り込んだら、その五点の提供価値を創造し、顧客に提供されている「瞬間」や、提供する人材像を明確にイメージしてください。その瞬間が何度も安定してできる、いわゆる再現性の高いハイパフォーマーの思考行動特性とはどういうものか、そういう人材とはどういう人か。

たとえば「お客様へのお役立ちができる」ことについて、五点をめざすとします。お客様にいろいろな商品やサービスを届ける。しかし、そこでもっと幅広くお役立ちができないか、自分たちの商品を使っていただくだけではない、お役立ちができないかを考えている会社がありました。顧客との関係性の構築や顧客の取り込みをはかることが大事だと、社長が信念をもっていて、社員全員に「お客様に対してもっとお役立ちをしよう」と啓蒙《けいもう》している会社です。

そこで、実際に顧客に対してお役立ちができている人にインタビューして聞いてみると、お客さんのほうからよく相談される人だとわかりました。「いま、ちょっと困っていて、お宅の商品じゃなくて悪いのだけど、何かいいアイデアないかなあ」とお客さんにいわれたとき、なんとか達成しようとする。ほかの社員も協力して実現する。そういうことが過去に何件かあり、そういうケースを振り返って、「これがお役立ちの思考行動特性だ」とわかるわけです。

さらに、この人はいったいなぜお役立ちができるのかを調べていくと、たしかにお客さんからいわれたことに一所懸命応えようとしていますが、そもそもお客さんはその人に対して、あるいはその会社に対して、どんなレベルで期待をしているかという期待値の問題があります。助けを求めるということは、それだけ頼りにしているということなのです。

つまり、そういう関係性を構築できていなければ、お客さんは相談しませんし、相談されないとその人はお役立ちができない。もともとお客さんから頼りにされてもいないのに、走りまわってお役立ちしようとしても、熱意が空まわりするだけです。

「この人に何か頼んだら力になってもらえるかもしれない」という期待を、顧客にもたせることができる能力が必要になります。それはいったい何なのか。ふだんから顧客と接している過程で、生まれてくる期待ではないでしょうか。お客さんが何かちょっとしたことをリクエストしたとき、お客さんのリクエストの意図を超えて価値を提供する。あるいは、相手がリクエストする前に、先読みしてサービスする。そうした小さな繰り返しによって、お客さんの期待は徐々に高まっていきます。

すると「困ったな。なんとかならないか」というときに、「そうだ、あの人に聞いてみよう」という気持ちに自然となる。そこに至るまでの、ふだんのコンピタンシーが非常に重要なのです。

お役立ちができる人になるために、ふだんの仕事はどうあるべきか。そこに人材像や育成の焦点を当てなければなりません。

求める人材をどのように活用するか

1－2 人材像に基づく採用・評価・登用

あるべき姿　期待される人材像に基づいた人材採用が行われ、評価制度や人材の登用基準とも連動している。

質問　求める人材像を基準にした、自社のビジョンや行動規範に合った人材の採用を行っていますか？　組織内で登用されている管理職幹部は、求める人材像を体現している人ですか？

インタビュー調査で印象的だったのは、GPTWの日本の事務局長を訪ねたときのことです。

「毎年の上位入賞企業にもっとも共通して見られる特徴は何ですか？」という私の質問に、「ビジョンに合った人材の採用」と即答されました。具体的には、コンピタンシーを見る採用面接の手法などですが、現在の多くの大手企業も含めて、採用面接の手法には改善の余地が大いにあります。

リッツ・カールトンは、「期待を超えたちょっとした驚きのサービス体験」を実現する職種別コンピタンシーモデルをもっており、それをベースにして構築した採用の仕組みを、世界共通で活用しています。そうでなければ、短期間にあれだけの提供価値のブランディングを世界中でできなかったでしょう。

スターバックスコーヒーの「ファーストインプレッション」もそうです。これはアルバイトの採用面接において、アルバイトにも成長を期待するスターバックスモデルに合った人、スターバックスの仕事を通じて成長する意欲や潜在力のある人、あるいは内省が頻繁に求められる会社の風土に合う人を採用するための、内省型アルバイト面接の手法です。

アルバイト候補の人が来ると、まずコーヒーを一杯与えて、「ちょっとお店を見ていて」といいます。その時間は約四十五分。アルバイト候補の人はコーヒーを飲みながら、店内のお客さんやスタッフの働き方などを見ます。

四十五分経つと、店長が「じゃあ、ちょっと話そうか」と来て、最初に「どういう印象だった？」と聞きます。アルバイト候補の人は、たとえば「あのアルバイトの彼女がテキパキとして、笑顔が素晴らしくて、仕事を楽しそうにやっているので、私もあんなふうになれたらいいなと思いました」などと答えます。そうすると、「ああなれたらいいと思う？」「それはどうして？」というふうにどんどん深く聞いていく。

つまり、「この店で働くことによって、あなたはどうなりたいのか？」を聞くわけです。さらに、「この店で働くことは、君の人生にとってどういう意味があるのか？」を聞く。そうすると、「アルバイト代を稼ぎたいだけ」と思っている人は、ビックリして、「これはちょっと違う」と思い、来なくなります。

しかし、最初はアルバイト代が目当てでも、店長にそう聞かれてはじめて、スターバックスで働くことの意味を考える人もいます。そして、「あそこで生き生きと働いている彼女みたいになれたらいいな」と思いはじめる。こうして内省が深まっていくような人は、スターバックスに向いていています。なぜなら成長したいという意欲をもっているからです。

店長は、アルバイト候補の人が内省によって成長の意欲に結びつく人かどうかを見極めようとします。自社のビジネスモデルに合っているかどうかといった、根源的な部分だからです。これが「ファーストインプレッション」という手法なのです。

もう一つ、重要なのは昇進です。経営者がふだん、口にしている人材像と、実際に昇進している人を見ると、大きな乖離《かいり》があるケースが多々見られます。たとえば、立派な人材像を唱えていながら、結局は目に見える成果や数値のみを重視しているということがよくありますが、これは逆効果です。経営者のいっていることとやっていることが乖離していることが、社員がビジョンや行動指針が共有できない最大の理由です。できないことはいうべきではありません。

星野リゾートでは、求める人材像を「リゾート運営の達人」としています。特定職種の専門職は重視せず、すでに述べたように全員をローテーションで育てることで、自分の役割に狭く閉じこもらない人を育成しています。顧客の視点で多様な仕事をこなしながら、高い視線でリゾート運営ができる人材像を求めているので、たとえばフロントだけの達人は採用・育成しません。自分の手が空いているときは、本来は別の職種の人がやる仕事であっても率先してやる。

職種別に自分の仕事以外はやらないという分業の仕方は欧米的ですが、それは日本のおもてなしには合わないし、生産性も上がらない。

そこでこうした「リゾート運営の達人」を、いわゆる多能工化という意味からも、星野リゾートの基本にしているのです。

分業化が進む宿泊施設業界において、星野リゾートでは全体視線をもつ人材が、自分の仕事の枠を越えて自主的に行動します。それが、チームワークで生産性や顧客満足の効果を上げる事業組織ビジョンと連動している。

これはやはり、カルヴィニズムからくる職務主義をベースに構築されてきた、欧米の宿泊施設ではとりにくい戦略です。欧米ではフロントのプロとして一生働きたいタイプが多いので、職務主義になってしまう。また、欧米は職種別労働組合だからという背景もあります。

しかし、星野リゾートはそういうカルヴィニズム的な縛りがないので、逆に多能工化による「リゾート運営の達人」戦略がとれます。これが日本企業ならではの差別化にもなりうる。

つまり、ただ欧米の真似をすればいいというものではなく、日本のほかの宿泊施設も単純に星野リゾートの方法を真似すればいいというわけでもありません。星野リゾートがめざす企業ビジョンと人材像が連動して、はじめてうまくいくのです。

ややもすると、こういう人材像とローテーションなどの表面的な仕組みが、議論の的になりやすい。しかし、重要なのは、この星野リゾートの多能工化政策が正しいかどうかではなく、それが星野リゾートの企業ビジョンと連動しているということなのです。

スターバックスも、この採用手法自体の問題以上に、事業ビジョンとして成長意欲のある人でないと、ヘビーリピーターへの心理的価値による取り込みが実現できないといった、連動性が重要なのです。

社員に徹底的に腹落ちさせる

1-3 ビジョンと人材像の浸透・共有

あるべき姿　ビジョンや期待される人材像の意味するところが、広く社員に浸透・共有されている。

質問 社員は自社のビジョンや行動規範の意味を、自分の日常の仕事レベルで、行動や基準として自分の言葉で話すことができますか？ ビジョンや行動規範の意味を理解するために、職場で具体事例をもとにした議論がなされていますか？

朝礼による唱和、手帳やカードの配布というのはよくありますが、それだけではなかなか腹落ちしません。具体事例をとおして、真に納得させていくというプロセスが必要です。裁量を第一線に与えても、この腹落ちが不十分だと、逆に混乱が起こります。

たとえば、サービスマニュアルのないスターバックスコーヒーで実際にあった個人の体験なのですが、間違えて人のコーヒーをバーカウンターで受けとって飲んでしまった顧客に対して、本来の顧客のコーヒーを手渡しながら、「せっかくの機会ですから、二つの違う味をお楽しみください」とアルバイトの人が声をかけていました。これは、自社の提供価値として「コーヒーの多様な楽しみ方の提案」という考え方が、アルバイトの人にもしっかりと浸透しているからこそ出てくる言葉でしょう。

ＪＡＬの大西賢会長は、個別部門最適などの古い既成概念から、稲盛和夫名誉会長が唱えた全体最適という新しい視点に、幹部全体がほんとうに腹落ちして行動できるまで、何度も幹部に語りかけました。

大西さんは社長になって二年で会長に就任しましたが、最初の三年間で休んだのはわずか数日。土日は世界各支店の現場に行っては、管理職幹部を集めて、稲盛さんから教えられた新しい視点や考え方を説いてまわりました。

それまでは個別部門最適が多く、全体最適の視点があまりありませんでした。管理職幹部らはそれぞれ自分たちの部門できちんと仕事をしていると主張するのですが、それではなぜ会社全体として儲かっていないのかを尋ねると、答えが出てこない。または、できない理由をすぐいう。

彼らは「トレードオフ」という考え方が非常に強く、たとえば「お金をかけなければ安全は確保できない」「安全を犠牲にしないとお金は節約できない」と言い訳をする。「お金をかけずに安全を向上する方法」を考えようとせず、そこで発想が止まっているのです。

稲盛さんはＪＡＬのそうした問題に気づいて、大西さんに指摘したそうです。役員会で稲盛さんは「あなたたちは経営者としての資質に欠ける。経営者としてやるべきことが全然できていない」と厳しく注意しました。しかし役員たちは、当初は心の中で猛反発しました。

ところが、だんだん回を重ねるにつれて変化が起きてきました。毎回、役員会のあとに軽く缶ビールで懇親会をするのですが、最初は早く帰りたがっていた役員たちが徐々に稲盛さんとじっくり話をするようになったのです。

そして、数カ月経ったある日、ターニングポイントが訪れました。一番古参で、ある意味、過去のＪＡＬを背負ってきた役員がすっと立ち上がり、稲盛さんに「私たちが間違っていました。あなたのいうことが正しいと思います」と述べたのです。それから役員たちは稲盛さんに一斉に流れた。そして、ＪＡＬは見事に再生を果たしたのです。

そのときの経験から、大西さんは、相手の顔を見ながら、ほんとうにこの人は腹に落ちたなと確認できるのは五人が限界といいます。だから、何回も話しあいをする必要があるのです。

もし管理職幹部が一〇〇パーセント腹落ちすれば、その部下が腹落ちするのは最低半分でもいい。まずは上層部から徹底して腹落ちさせないとダメだということで、現場訪問を続けたそうです。

私が大西さんに、「欧米の航空会社でも、大手のフラッグキャリアでも、経営破綻《はたん》したところはいくつもあり、再生したところもあります。それらの会社と、今回のＪＡＬの再生で一番違うところはどこですか?」と尋ねたところ、「だいたい海外の場合は、外科手術としてリストラを行ったことによる再生だけのところが多いのですが、それをやると、一時的にはいいけれど、必ず同じ病気が再発する。再発しないようにするためには、内科治療が絶対に必要です。それも十年かかってやっていては、内科治療はまったく効果がない。三年以内で短期集中的に、外科手術と内科治療を同時に行わなければ再発してしまい、次こそほんとうに潰れてしまう」といっていました。

ＪＡＬの急回復は、とりあえずは外科手術的なリストラも効いているのでしょうが、社員に対して徹底して腹落ちさせるという内科治療もあわせて行ったからこそ、より効き目があったのです。

日本では理解を深めるツールが少ない

このプロセスでは、さまざまな可視化ツールや事例を用いたロールプレイなどを活用することも可能です。海外の大手サービス業では、わかりやすい可視化ツールが多く用いられてきました。

最近のＡＳＴＤ（American Society of Training and Development：米国の世界最大の人材育成のカン

ファレンス兼見本市）では、このタイプのツールがたくさん紹介されているようです。ASTDのような見本市は日本にもありますが、規模が違います。米国では参加者が一万人以上の規模で、世界中からやってきます。しかし、日本からの参加者は、サービスベンダー側は来ても企業の人が少ない。

日本はあまりにも人材育成の仕方が特殊だからなのか、こういう最先端のさまざまなツールを使っている会社が少なく、腹落ちコミュニケーション、ビジョンの共有といった最新のノウハウやツールを、ASTDのようなところに行って勉強していないのです。

私はASTDだけでなく、人事系のカンファレンスにもいくつか行ったことがありますが、中国人や韓国人と比較しても、日本人がほとんどいなくて愕然《がくぜん》とします。

では、どんなツールをどう使うのか。たとえば、カードにあちらを立てればこちらが立たずといった究極の具体事例が書いてある。六人程度で机を囲んでそのカードを見ながら議論し、選択していくことで、その組織の行動規範認識が明らかになり、伝えたい行動規範を腹落ちさせるプロセスに活用できます。

この方法は、日本でもインヴィニオという人材育成コンサルサル会社が実際に採り入れています。「こういうとき、あなたならどうしますか？」という究極の行動の選択がカードに書いであり、「イエス」か「ノー」か、みんなで議論しながら「ダイアログマット」に置いていきます。それぞれのテーブルによって答えがどうなるか、どちらに偏るかが見えてきて、そもそも会社が重要だという行動規範に対して、実際の現場ではいろいろな発想をする人たちが多いといったことがわかる。

本来の行動規範と照らして、ほんとうにそれでいいと思うのか、そういった観点から議論を進めていき、真に納得させるツールです。最近ではレゴブロックを使った「シリアスプレイ」という研修もあります。こうした可視化ツールや、いわゆるロールプレイなど新しい手法は、この1－3以外の項目でも重要になってきます。

日本最大の有料老人ホーム運営会社である、ベネッセスタイルケアの昇格試験では、入所者の既往症などの情報を事前に渡しておいて、特定の場面を設定します。そして、十～十五分程度の介護支援を、実際にモデルを相手に行ってもらう。たとえば、寝たきりの人に対して、「こういうことをしてください」と介護支援をさせる。

さらに、そこでの細かな作業の状況について、なぜそうしたのか、理由や解釈を質問していきます。「先にこちらの手を添えてから、足に行きましたね。どうしてですか？」とプロの審査委員が聞いていく。すると、「この人はこういう既往症があるという情報があったので、こうしました」というように、「個別性」に対する対応を、どこまで深く考えて行動したのかが明らかになる。このような試験だと、背景にある思考行動特性や身につけている知恵、専門知識の腹落ち度が確認できます。

また、この会社ではプロセス自体をほかの職員にも公開しています。ほかの職員はその実例によって理解しやすくなるし、自分の介護のレベルや、会社に求められている介護のレベルもわかるからです。

2 コミュニケーションを通じた人材育成

人を育てるのは、人と仕事だとよくいわれます。そして、人が人を育てる要素でもっとも重要なのは、コミュニケーションです。

ただし、これは会社によって異なります。実際に私がインタビュー調査をしたある会社では、「あなたがいまの自分に成長できたのは、だれのおかげだと思いますか？」「だれがあなたを育ててくれたと思いますか？」と質問をしたとき、「私はあの人に育てられた」と具体名をあげて答えた人が非常に多かった。

逆に名前はまったくあがらず、「だれっていわれても思いつかないですねえ。でも、私はあのプロジェクトですごく成長しました」と、ある特定の仕事経験によって成長したという話がたくさん出てくる会社もあります。これは職種特性もありますし、社風もあるでしょう。

人も仕事も両方重要ですが、同じくらいでなければならないというわけではありません。ただ、人が人を育てるのと、仕事が人を育てるということが、職場における人材の成長の二大要素であることは間違いないようです。

人が人を育てる場合は、まず、コミュニケーションが不可欠です。それもタテ型の指導伝承型ばかりではなく、コーチング型内省型面談や教えあいといった、ヨコのコミュニケーションです。とくに「個別性」の高いサービス業の現場では、ヨコの教えあいやその場での即時フィードバックが重要となります。

仕事やキャリアに悩む若手社員にどう対応するか

2—1 コミュニケーションを通じた相互理解と支援

あるべき姿 仕事やキャリア上での課題、期待などを、本人が上司や幹部経営者、人事部門や周囲の先輩・同僚と十分に意思疎通し、理解しあい、支援を受けている。

質問 幹部管理職は、社員と個別にコミュニケーションする機会を十分もっていますか？社員個々人の仕事やキャリアについての考えや悩みを、上司や幹部管理職はきちんと把握していると思えますか？

これは認識ギャップの問題です。二〇一一年度に、沖縄県の中堅・中小企業の三〇〇社程度と、その企業で働く二〇〇〇人以上の社員に対して同じ質問をしました。会社側や管理者側と、社員側の認識を比較するためのものです。

両者のあいだでもっとも乖離が大きかった質問が、以下の三項目でした。

①経営者や管理者は、社員の意見に対し、明確に回答するなど、積極的に対応してくれる。
②やる気のある社員には、チャンスが多く与えられている。
③一人ひとりの社員の人間性が尊重される雰囲気がある。

平均点格差はすべて〇・六です。平均点格差とは、事業所全体とそこで働く従業者全体が、一〜四点で評価した四段階評価の平均点の差のこと。つまり、経営管理者と社員のあいだで、同項目における認識の一般的なずれの傾向を示します。四段階評価で、「まったく当てはまらない」から、「まったく当てはまる」までの一点から四点までは三点の差ですから、そのなかで〇・六も平均値で差がつくということは、企業側と社員側でかなり認識に開きがあることがわかります。

どうも上司のほうは、社員の意見に対して明確に答えるなど、積極的に対応しているつもりなのですが、部下のほうは対応されているとは思っていない。要するに、上司幹部が行っている行動と部下に認識ギャップがあるのです。

一方で、若者の社会性の低下、職場のIT化による仕事の見えない化などもあり、若者の多いサービス系IT企業では、この認識ギャップの問題がとくに深刻化しています。

経営者や管理者に、「人材育成で重要なことは何だと思いますか？　とくにコミュニケーションで重要なのは何だと思いますか？」と質問すると、「声かけを意識しています」という人がかなりいます。通りすがりの若手社員に、「おい、大丈夫か。元気にやっているか」「あれ、うまくいってるか」などと声をかけるという。

ところが、声かけでは不十分だというのが最近の傾向です。今回、大手のITサービス業二社に聞いたのですが、二社とも同じことをいっていました。

一社は東京の会社で、一社は沖縄の会社です。後者は、全管理職に部下と月一回、三十分の面談を義務づけています。一方、前者は全管理職に月一回の面談を推奨していました。

「毎月一回も面談するなんて、なぜそんなに手間をかけるのですか?」と聞いたら、「もう大変なんです。『おい、大丈夫か。うまくいってるか』と声かけをすると、『大丈夫です』と答えるのですが、あとで見たら全然大丈夫ではなかったということがよくある」といいます。

とくにパソコンに向かって黙って仕事をしていると、行き詰まっているのか、うまくいっているのかが全然わからない。声かけをしても、「大丈夫です」というだけ。若手社員のほうから「すみません、どうしてもうまくいかないんです!」と泣きついてきたときには、もうどうしようもない事態になっていたりする。

「なんでもっと早く相談しないんだ!」と唖然《あぜん》とすることや、逆に「こんな些細なことでずっと悩んでいたのか? 早くいえよ。一発で解決するのに」ということもある。あるいは、「おまえ、これをどうして悩まないんだ? ここだろ、悩むべきところは!」ということも。

こういうケースが多発したため、いまの若者は声かけぐらいでは認識ギャップを到底、払《ふっ》拭《しょく》できないという危機感があり、毎月一回の面談をするようになったそうです。

前者では毎月一回の面談をしている部署と、していない部署がありますが、期末の評価をフィードバックしたときの納得度に違いが出ます。ふだんから仕事の中身や進捗《しんちょく》度合いについて月に一回、三十分間、上司とコミュニケーションしている部署は、期末の評価のフィードバックにおいて納得度が高くなる。これは、上司が自分の仕事をいつもきちんと見てくれているという実感や信頼感があるからでしょう。

このような例を紹介すると、多くの企業の管理職たちから、「忙しくて、そんなことをやっている暇がない」という声が聞こえてきそうですが、やらないからいまの若者は育たない。だから上司がかえって忙しくなるという、昔とは違う実態が現場にあることを理解すべきでしょう。

クレーム対応を重視しすぎない

2-2 フィードバックによる気づきを通じた能力開発

あるべき姿　さまざまな人からのポジティブ、ネガティブ両方の多様なフィードバックを通じて、一人ひとりが気づき、成長している。

質問 日常の仕事のなかで社員個々人に対して、周囲からポジティブとネガティブのフィードバックが、よいバランスで十分なされていますか？ 社員個人やチーム単位での、仕事ぶりや成果へのフィードバックがなされ、それを個人やチームはＰＤＣＡのサイクルにつなげていますか？

多様なフィードバックは、その量とバランスにおいて十分行われているかが重要となります。フィードバックには、ポジティブなものとネガティブなものがありますが、もっともよくないのは両方ともないネグレクトです。次に悪いのは、ネガティブフィードバックだけを与えること。これでは自己信頼や自己効力感が形成されず、思いきったチャレンジをしなくなります。

いま、バブル入社世代のミドルはチャレンジしなくて困る、という話を企業でときどき聞きます。これは、若いころに思いきったチャレンジをする機会がなかったこともあるでしょう。しかし、この人たちをカウンセリングすると、典型的に出てくる一つの特徴が「子どものころからお母さんに怒られてばかりで、褒められたことがない」ということらしいです。

つまり、チャレンジして成功し、褒められた体験がないと、成功する気がしない。失敗するのが怖いのではなく、うまくやれる気がしないのでチャレンジしないのです。

自分はどんな状況になってもなんとかできるという、より普遍性の高い自己効力感を、明治大学の野田稔教授は「自己信頼感」といっています。二十代の若者にとっては、まずは特定の職務で自己効力感を得て、それを積み重ねることによって自己信頼感へと変わっていくことが、健全な成長なのです。

そのためには、仕事のチャレンジに加えて、ポジティブフィードバックとネガティブフィードバックの両方が、十分に行われることが重要です。

ポジティブフィードバックだけでは、失敗したときに立ちなおれなくなります。自分を変えるために不可欠な厳しい気づきと向きあおうとせず、環境変化に耐えられない人間になってしまう。

日本の顧客は、もともとポジティブフィードバックをしない傾向があります。つまり、ネガティブフィードバックばかりのクレーマーが増えているので、受け身でいると、サービス業の顧客接点はネガティブフィードバックばかりに偏る危険があるのです。その対応に追われてPDCAサイクルをまわすと、クレーム対応社会になり、ますます社員が萎縮《いしゅく》して、チャレンジしなくなります。

たとえば、最近はレストランのメニューに料理の写真を掲載すると、出てきた料理と写真が同じかを調べて、少しでも違っているとクレームをつける人もいるそうです。おせち料理を注文すると、一つひとつの料理の数が写真と同じかを数えて、「一個少ない」などとクレームをつける。そういう客が非常に増えているので、対応するためには絶対に出せるもの以外は写真に載せられなくなっています。

地域の料理店などでは、たまたまその日、採れた食材で料理することもありますが、それはパンフレットの写真には絶対に載せられません。「写真に載っているじゃないか！　わざわざ遠くから食べにきたんだぞ」とクレームがつくからです。

自然が相手の観光旅行では、ますます事前に客に約束することはできません。スキューバダイビングで「ここの海ではこんな魚が見られます」とパンフレットに謳《うた》っても、見られることもあれば、見られないこともある。仮に狙っていた魚を全部見ることができたら、客は満足しますが、リピートはしません。「今日は見られなかった。悔しいからまた来よう」と思うからリピートするのです。客の不満に対応するために、絶対に見られるものしか宣伝しなかったら、希少価値のない魚しか掲載できず、それこそ客は来なくなります。

つまり、ネガティブフィードバックを受けない対応も大切ですが、初回顧客を固定客にしていくことが重要なサービス業では、客からのポジティブフィードバックを積極的に探して、それを増やすような仕組みをつくり、そこからPDCAをまわすことが非常に重要になるのです。

ポジティブフィードバックをどのように得るか

スターバックスは、サービスマニュアルをもたない一方で、「ミステリーショッパー」という仕組みで、店舗オペレーションの質をこまめに測定していました。しかし最近は「カスタマーボイス」という方法で、ポジティブフィードバックを含めた顧客の声を得やすい仕掛けをつくっています。

「ミステリーショッパー」というのは、すべての店舗に覆面《ふくめん》調査員を月一、二回送り込み、そこで受けたサービスのクオリティをフィードバックするものでした。各店長は、どうやってこの点数を上げるかをみんなで協議します。

日本では発想しにくいですが、これは社員を信用していないわけではなくて、調査しているからこそ信用して任せることができるのです。監視しているのではなく、自分たちのPD

CAサイクルになんらかのフィードバックをしなければ、サービスの良し悪しや問題点を自分たちでは気づけない。そういう前提に立った発想なのです。

ただ最近は、難点があるということで中止になりました。一つは、月一回程度だと、どうしても運不運があること。もう一つは、「ミステリーショッパー」を長く続けていると、ベテランの店長は見た瞬間に、「あの人は調査員だ」と気づくようになってしまうことです。

そこで、数年前から「カスタマーボイス」を導入しました。客がレジで注文すると、二〇〇人から三〇〇人に一人、ランダムに当たり券が出ます。「当たり券です。お客さん、このアンケートにぜひ答えてください」とお願いする。客がスマホやパソコンでアンケートに答えると、ワンドリンク、何でも好きなものをサービスできるという仕組みです。

これは顧客からポジティブフィードバックを引き出すのに効果があります。当たったのがうれしくて、客はスターバックスに対してポジティブなことを書こうという気持ちになるからです。ワンドリンクサービスも、とても好評だそうです。ふだんは高くて注文しないような商品をサイズを気にしないで自由に選べ、さらにトッピングも選べるので、うれしくてつい一所懸命、ポジティブフィードバックを書いてしまうと、実際に当たったことがある人がいっていました。

当たり券が出るのは、一店舗当たり毎月二〇〜三〇人。このアンケートの点数をいかに上げるかを考えるようになるだけでなく、ポジティブフィードバックがたくさん書かれているので、よりよい店をめざそうというPDCAサイクルに入るモチベーションも上がります。

現代の日本では、お母さんは子どもを褒めるより叱ることのほうが多いのではないでしょうか。そうすると、子どもの自己効力感が育ちません。

これは少子高齢化社会の大きな問題でもあります。大家族で、親戚が大勢いて、近所の人や商店街の人々とのコミュニティが多様であれば、お母さんに叱られても、だれかが「いい子だねえ」と褒めてくれたりしました。しかし、いまは地域コミュニティや親戚一同が会する機会が少ないため、母親と子どもだけの世界になってしまう。

母親は子どもに責任をもっているので、つい小言をいってしまいます。同じように、上司も部下に責任をもっているのでどうしても小言をいいたくなる。上司と部下という一対一の関係だけにコミュニケーションを収斂《しゅうれん》させていると、ネガティブフィードバックに偏りやすくなります。

組織の現場では、とくに「個別性」の高いポジティブフィードバックをベースにした、PDCAサイクルを構築する仕組みが必要なのです。

サイバーエージェントでは、意図的にポジティブフィードバックを行う風土をつくっています。褒める場をたくさん設定し、褒めることを奨励し、管理職がまず積極的に部下を褒めることを実践している。直接的に褒めるより、間接的に褒めることは効果が高いといわれています。直属の上司にじかに褒められるよりも、「取引先が君のことを仕事ができるって絶賛していたよ」といわれたほうがなぜかうれしいもの。

私はサイバーエージェント内で、褒めるシーンを実際に目撃しました。同社人事担当取締役の曽山哲人さんに、沖縄に事例発表で来てもらったときのことです。沖縄にある同社の関連会社社長に、曽山さんは初めて会いました。最初にひと言、「ああ、君が○○君か。君の上司から、君はすごいと聞いているよ」。もちろん褒められた社長は、とてもうれしそうでした。

即時フィードバックと時間をかけたフィードバック

西尾久美子氏の『京都花街の経営学』（東洋経済新報社）にあるように、現場で働く舞妓《まいこ》を見られない置き屋の女将は、花街じゅうの人たちによる舞妓への即時フィードバックに舞妓の育成を頼っています。三味線のお師匠《ししょう》さん、踊りのお師匠さんが、練習の場で「ここをもうちょっとこうしたほうがいいよ」と、いろいろなフィードバックをしてくれる。お座敷に出たときには隣に座った別の置き屋の芸妓のお姐さん、あるいは常連のお客さん、お茶屋さんの女将さんが、所作についてひと言いってくれる。

舞妓が育っていくうえで、一番重要なのは所作です。所作はその場ですぐに修正しないとわかりにくいので、即時フィードバックが効果的でしょう。

では、置き屋の女将の役割は何かというと、毎日、夜寝る前に、今日一日受けたフィードバックを舞妓に思い出させて、それを整理し、腹落ちさせて、翌日からの行動計画に落とし込んでやることです。「今日はだれから何を言われたの？」と聞いて全部復唱させる。「あなたにとって、それはとても重要なこと。明日からこれだけは気をつけようね」と念押しする。つまり、即時フィードバックと時間をかけたフィードバックを与えているわけです。

フィードバックは、ポジティブとネガティブの両方あることが大切と述べました。さらに、即時フィードバックと、時間をかけたフィードバックの組み合わせも重要です。前述の沖縄の企業のような、一カ月に一回、上司との三十分の面談が、時間をかけたフィードバックにあたるかもしれません。

ふだん、即時フィードバックを一切しないで、一年経ったところで、「さあ、評価のフィードバックです。あなたの一年間はこうでした」といわれても、部下は納得できないでしょう。ふだんから即時フィードバックをこまめに与えられ、定期的に時間をかけたフィードバックがなされていないと納得できません。

東京大学の中原淳氏は、本人の成長実感と相関が強い支援的コミュニケーションを、「業務的支援」「内省的支援」「精神的支援」の三つに分類しています。

「業務的支援」とは、同僚とのコミュニケーションによる教えあいです。

それに対して、「内省的支援」は、上司・先輩、顧客、同僚の、日常のフィードバックと組み合わさることで、より効果的になります。スターバックスでも四カ月に一度、人事考課をしますが、そのときにじっくり上司との内省型のフィードバックがなされます。「自分はどこまでできていると思う？」「そうしたら、次にどこを背伸びする？」「じゃあ、どんなことにチャレンジしてみる？」といった問いかけが、店長とアルバイトとのあいだで行われるのです。

これらが組み合わさって、最終的には「精神的支援」が求められます。これは、自分は見守られているという安心感を部下に与えるという意味で、まさに2－1で紹介した内容と合致します。

「大丈夫、君ならできる」「それくらいの失敗、俺もしたことがある。心配するな」と声をかけるような上司の支援が大事。部下に「自分は見守られている」という安心感を与えます。

「見守る」と「見る」は、まったく違うのです。「見る」は、自分がたんに見ていればいいのですが、「見守る」は、見守られているほうが「見守られている」と認識しないかぎり、何の意味もありません。「見守られている」と部下が思うようなコミュニケーションをしているかが重要です。ここでも認識ギャップがないようにしないといけない。

そうやって多様なコミュニケーションが、しっかりバランスよく行われているかがポイントになります。

共有体験が成長実感を生む

2-3 相互に学び支援し啓発しあう組織

あるべき姿 組織として相互学習の場が多く、相互に教えあい、学びあい、刺激しあう習慣。それらを通じてチーム、顧客や会社経営の視点で考え行動する習慣が身についている。

質問　職場での具体事例を題材にした、経験の共有の学びあいの場がもたれていますか？　これからの会社や職場の課題について、社員が主体的に発言し参加する議論の場が、定期的にもたれていますか？

これがなぜ重要か。たとえば、東京大学の中原淳氏の調査では、「業務的支援」で上司が部下にフィードバックを行うものについては、回数は多くても有意の相関が認められませんでした。しかし同僚同士が行うと、高い相関があったのです。「個別性」が高く、変化の激しいサービス業の現場では、上司による過去の具体的経験を応用するよりも、現在の現場にいる同僚の経験からの学びのほうが、ずっと大きいということです。

上司はむしろ「内省的支援」「精神的支援」をしたほうがいい。上司の役割は、教えるというより学びのファシリテーターに徹すること。管理職は、教えること以上に教えあう職場を整備する仕事なのです。

あるアンケート調査によると、キャビンアテンダントの卓越したサービスの学びの源泉には、研修、上司・先輩の指導、フライト前のブリーフィング（報告・指令）、さらには、自己啓発がありました。それ以上に、もっともポイントが高かったのは、フライト後のデブリーフィング、つまり、経験の共有だったのです。

同僚との経験の共有は、われわれがラボで行った二十代の若者を対象とした一二社一四〇〇人のアンケート調査でも、本人の成長実感と高い相関を示しました。

「わからないことがあったら質問しやすい、あるいはお互いに教えあったり、気兼ねなく質問できたりする雰囲気が自分の職場にありますか?」「同僚の体験の共有をみんなでする場がありますか?」といった一連の質問と成長実感において、上司と部下とのコミュニケーションよりも高い相関がありました。

ベネッセスタイルケアの老人介護施設では、それぞれの老人ホームで年に何回も、入所者が亡くなる「お見送り」があります。「お見送り」のたびに、ホーム長以下、スタッフ全員が集まり、「あの方の最晩年は幸せだったろうか?」「自分たちにもっとできたことはなかったのか?」について徹底的に議論します。

このとき、泣き崩れる人も少なくありません。しかし、これは非常に腹落ちしやすい。仕事への取り組み姿勢の形成にも重要な効果があります。自分たちの仕事はどういう意味があるのだろうかという仕事観の形成としても、学びあいの場としても非常に有意義です。

過去のことだけでなく、これからの課題を議論するのも有意義でしょう。

星野リゾートでは、四半期ごとに「次の季節のこの宿泊施設の魅力は何か?」「それをこれからの宿泊客にどう感じてもらうか?」を全員で議論します。これは「魅力会議」と呼ばれています。「季節の花がこれからこの地域で咲くので、部屋に挿《さ》したらどうですか」など、いろいろなアイデアが出てくるそうです。

さらには毎日、宿泊予定の顧客の特性などを全員で共有し、どうやって喜んでもらうか「作戦会議」をします。「今日、チェックインするお客様は、過去に何度かうちにご宿泊なさっています。あの方はこういうサービスがとてもお好きです」「アレルギーで過去にこの料理をお断りなさいました」など、過去の顧客情報をみんなで共有し、今回はどうやって喜んでいただくかを議論する。

つまり、「魅力会議」は、典型的な顧客をイメージしながら、より戦略的にどうやってこの三カ月、喜ばせることができるか、施策レベルのホスピタリティを議論するもの。「作戦会議」は、より具体的に特定の顧客をイメージしながら、喜ばせるアイデアを引き出すものです。

施策レベルのホスピタリティと、特定の顧客をイメージしたホスピタリティという二段階の議論をすることで、社員を企業が求める思考行動特性に巻き込んでいく仕組みでもあります。

ある大手自動車メーカーの販売店では、社員二人がペアを組み、シナリオをもとに顧客のふりをしてほかの自動車販売店を訪問します。そのときに受けた接客の対応と印象を持ち帰ってみんなで討議し、多様な顧客への感受性を学ぶのです。

3 仕事を通じた人材育成

人材育成の二大要素のもう一つは、仕事を通じた成長です。ただ仕事を長年続けていれば成長するかというと、そんなに単純なことではありません。第I部ですでに述べたように、変化の激しい社会になったことで、仕事を通じて成長できるように、意図的に職務設計や職務付与することも学んでいかないと、ダメな時代になっています。

たとえば、リーダーを育てるのは試練だと昔からよくいわれます。リーダーシップを発揮して、試練を何度か乗り越えることによってリーダーは育っていく。たんなる職務経験のローテーションで、自然に幅広い経験を身につけるというジェネラリストマネージャー育成の時代ではなくなってきました。

その仕事にはどんな試練があるのか、その試練を乗り越えることでどんなリーダーシップなり能力が身につくのか。ある意味、失敗を覚悟したうえでの意図的な試練の付与が、リーダー育成には必須なのです。裁量があるからこそ、みずから考え、創意工夫し、成長することが基本となります。

しかしながら難しいのは、「失敗しても俺が責任をとってやるから、好きなようにやってみろ」と上司がいえるような仕事が減っていることです。むしろ「失敗はできない」という仕事が増えている。

おまけに、すでにシニアで経験豊かな人がたくさんいるので、若手にいい試練がまわってこないという状況が、多くの組織で起こっています。

一方で、自分の仕事に求められる成果の質的基準、あるいは、その段階がどういうものなのか、自分はどのくらいまでできているのかを理解し、可視化できていて腹落ちしていないと、成長曲線は早々に落ちてしまいます。仕事への意欲が低下して、仕事を適当に流すようになってしまう。

販売職の接客でも、お客さんから「これください」といわれて、レジを打って笑顔で商品を渡すことは、すぐにできるようになります。しかし、ほんとうにレベルの高い接客はそんなものではありません。客の要望を察して、適切な商品を提案するというふうに、上のレベルはいくらでもあります。

受け身で仕事をそこそこなしていけると、もうこれでいいんだと思ってしまいます。背伸びがまったくなくなったり、あるいはこれ以上のレベルはないと誤解すると、成長しないばかりか、仕事へのコミットメントも低下します。それが離職にもつながりやすいのです。だから、「あなたはいま、この段階まで来ていますよ。でも、もう一歩、上のレベルがあります。まだ、この部分はできてないですよね」というふうに、自分はどこまでできていて、何ができていないかを確認することが大切です。

たとえば、スターバックスでは、アルバイトのバリスタとしての成長を、ショート、トール、グランデ、ベンティの四段階で表し、四カ月に一回、ミーティングで確認しています。

自分のいまの立場と求められる能力、人材像というものをしっかり腹落ちして理解しないと、たんに「チャレンジしろ」といわれても、何のためのチャレンジなのかがわからない。下手をするとチャレンジを与えても、ただ上司にいじめられていると誤解されかねません。

前述のように電車の運転士の仕事は、昔の機関士の時代に比べてきわめて単純になりました。ATSからATCへ、さらにATOが完備された路線では、もはや運転士というより、車掌が一番前に乗っているというほうが正しい。

一方で、電車の運転士の大学卒比率はどんどん高まっています。これは大きな矛盾《むじゅん》です。現時点での能力と成長余力に対して、要件が低すぎる仕事を長くやらせると、コミットメントも責任感も低下して、人生における仕事の相対的重要性も低下していきます。いざというときに協力的でなくなるし、みずから課題発見に取り組もうとしなくなる。それは組織的にもさまざまな問題の原因となるでしょう。

どのように職務設計や職務付与し、仕事における成長を維持するかが大きな問題です。中央リニアが開業すると、リニアモーターカーは基本的には地上からの制御運転となり、運転士は不要になります。しかし、あれだけの速度と長大トンネルが多い中央リニアで、無人運転はありえません。そうすると、乗務員にどんな役割を担わせるのか、その人はどう成長できるのか、どういう教育をするのか。この問題に注目したいと思います。

必要な能力をどのように可視化させるか

3－1 仕事及び必要能力の体系化可視化と自身の能力水準の把握

あるべき姿　一人ひとりが、仕事の全体像や自身の仕事の流れ、求められる能力水準の段階と自身の現在の能力発揮レベルを理解して、仕事に取り組んでいる。

質問　仕事で求められる能力について、社員が理解しやすいかたちで提示されていますか？　社員個々人は、自分の能力水準が現在の仕事において求められる水準に比して、どの程度の段階にあるか、理解していますか？

星野リゾートでは、一〇のコンピタンシー項目を五段階で記述し、年に二回の面談で、現在の成長度合いを確認して、次の半年でどの項目のステップアップをめざすか、そのために何にどうチャレンジするかを決めています。

たとえば、宿泊施設でホスピタリティという項目があったとします。その一段階目は「顧客から依頼された事柄の意味をよく理解し、期待どおりのサービスを提供している」で、二段階目は「個別の顧客からいわれる前に気づいて、潜在的ニーズに対処している」。さらに上位の段階になると、「この宿泊施設の典型的な顧客像を理解し、来る季節におもてなしのためにどんな施策を打つべきか、計画し実行している」というように、質的レベルが明確に異なる水準を示すことが、まず求められます。

私は中小企業の場合は、よく五項目三段階で十分だといっています。あるいは、できて当たり前の凡事徹底的な、三点死守の仕事については、行動チェックリストのようにしておいて、応用的で優位性に結びつく五点創造の仕事の部分については、コンピタンシー的に記述したらよいと助言しています。凡事徹底を実現する場面と、優位性に結びつく応用力を育てる場面では、ずいぶん性格が違うからです。

能力基準やコンピタンシーリストなどをつくっている企業は、最近、中小企業でも少なくありませんが、多くの場合、それは網羅的なものとなっています。つまり、一人の人間を全体として評価する制度の基準というイメージなのです。

網羅的なものは、具体的に落とし込みにくいので注意が必要。人材育成の面談のなかでどのように使われるのか。制度の基準ではなく、ツールとして割りきり、そのときのコミュニケーションのイメージを重視しながら、使いやすいツールをつくることが大切なのです。そう考えれば、網羅的である必要性は減り、その結果、具体事例をちりばめることも可能になります。

要するに、書き方が重要なのです。コミュニケーションの場面をイメージしながら書くこと。網羅的に堅い文章で書くと、コミュニケーションのうえでは使いにくくなってしまう。

できれば、シンプルだけれど具体事例が豊富にあって、わかりやすいものが望ましい。ほんとうに大事な部分に集中して書くのです。

接客における感受性、ホスピタリティといった分野は、ビデオなどで可視化するのも効果的です。自分の接客している姿をビデオで撮影して、あとでトレーナーと一緒に見る。すると、自分のできていることと、できていないことがはっきりと自覚できます。

ちなみに私自身、若いころ、マッキンゼーでの研修で、自分のプレゼンテーションをビデオに撮って、プレゼンの先生と一緒に見て指導されました。そのときの気づきはまさに「目からうろこ」でした。いまでも鮮明に覚えています。自分で実際に見て、先生に言葉で注意されて、もう一度、プレゼンをすると、自分でも驚くほど上達しているのがわかります。たった一回、見て教えられるだけでも効果があるのです。

可視化して目の前で教えられたことは、実感として腹落ちし、ほかの人にも教えることができるようになります。プレゼンがビジネスの要となる業界業種はたくさんあるのに、こうした研修を採り入れている会社が少ないのは残念です。

前述したベネッセスタイルケアでは、実際の施設を利用し、具体的ケースの設定と十〜十五分程度のロールプレイで、昇格審査を行っています。

ロールプレイのあと、審査委員からさまざま質問がなされ、それに答えることで、どこまで既往歴や性格などの「個別性」を考慮して感受性を発揮しているか、また、どこまで「骨の太いところを支える」といった理論的背景を理解したうえで仕事を行っているかが明確になります。「個別性」への感受性や基礎理論、背景の理解は、応用力、再現性といった「個別性」の高い仕事の基盤を形成するものです。

スターバックスコーヒーでは、アルバイトの成長過程を四段階で示して、「グリーンブック」と呼ばれるコミュニケーション用ツールを活用しています。

最初の見習いが終わると、四カ月に一度、店長との面談で基準を確認し、到達していたら次の段階に昇格します。閑散時の店内で、店長らしき人とアルバイトが、分厚いマニュアルのようなものをもって面談している場面を見かけるかもしれませんが、あれはマニュアルではなく、「グリーンブック」です。行動規範や成長の段階を、事例とともに記述したコミュニケーション用ツールなのです。

この仕組みの裏には、エンゲージメントモデルという、スターバックスジャパンが開発した成長過程のモデルがあります。人はまず、自分がその職場にいる意味を求める。自分は役に立っているのか、存在価値はあるのか。それが確認されると、さらなる顧客サービスをめざし、自律的に成長し、今度は初任者に教えたくなり、ほかの人の成長にかかわりたいという欲求に駆られる。さらにキャリアを進めたい人には、店舗マネジメントというレベルの仕事があり、このサイクルをもう一度まわしていきます。

職務が要求するレベルを記述するという発想ではなく、人間が成長する段階をモデル化するという発想が、人材育成の場合には重要なのです。

若手社員の教育が上司を成長させる

3－2　仕事における背伸びを通じた能力開発と成長

あるべき姿　一人ひとりがつねに成長できる仕事に取り組めるように、育成を意識した背伸びの仕事付与、課題付与が行われ、その過程で経営者や管理職が社員を支援している。

質問　上司は部下の成長のために、能力以上の背伸びを必要とする課題を、あえて与えることを日常の仕事のなかで十分行っていますか？　管理職は部下に対して、仕事を任せて見守るというマネジメントを十分行っていますか？

沖縄の県内企業雇用環境改善支援事業のなかで、二〇一二年に、NCCの発展版として約百時間の人材育成推進者養成講座を開き、六〇名が参加しました。その際に、先ほどから紹介しているスターバックスやサイバーエージェントに、養成講座の事例紹介で登場してもらいました。また、協力してもらった資生堂では、営業部門で戦略的OJTというプログラムを実施しています。化粧品業界は分類的には製造業かもしれませんが、実質的にはサービス業に近いと私は解釈しています。

最初にこの戦略的OJTプログラムに参加する部長たちが集まり、自分の部下のなかで潜在的な成長力を感じる部下を一人だけ選びます。かなり背伸びする課題を与え、その実現を支援することで、部下を成長させる。支援する上司側の負担が大きいので一人だけなのですが、これも包括的な制度の発想では出てきにくいものです。包括的な制度というのは、「全員に対して目標管理のなかで背伸びさせる制度にしましょう」という発想になりやすい。

しかし、一度に全員は無理です。とりあえず潜在力のありそうな一人に絞って背伸びさせて、支援するところから始めようというのが、このプログラムのユニークなところなのです。

もし「全員に対してやれ」といわれたら、上司側が尻込みして何もしなくなる恐れもあります。あるいは、試練を与えることはできても、支援できずに自滅してしまう恐れもある。背伸びの厳しい試練を与えれば与えるほど、上司がしっかりとフォローしないといけないので、一番大変なのは本人以上に、フォローする上司なのです。

ですから、このプログラムでもっとも重要なのは、部長の人材育成力向上。部長たちは頻繁に集まって現状を共有し、助けあいながら、人材育成の専門家の指導を受けて進めていきました。

ちなみに、これは仕事における背伸びの提供であると同時に、2－3における部長同士の学びあいの場でもあります。さらにこのプロセスで最初に実施されるのは、2－1に関係する認識ギャップへの対処なのです。

その部下自身が、どういう方向でどう育ちたいか、どんなキャリアにしていきたいかについて、何か考えがあるはずです。上司側がそれをきちんと理解していないと、的外れな試練を与えて、たんなるいじめになりかねない。

そこで、部下のキャリア観とのすりあわせを行います。このとき用いるのが、キャリアアンカーモデルです。これは米国の元MITスローンスクールのシャイン博士が提唱した、その人のキャリア形成の志向性について八分類する考え方で、神戸大学の金井壽宏教授らによって、具体的な質問票が出版されています。

専門性志向、一般マネジメント志向、創造志向、社会貢献志向など、八分類のキャリアタイプがあり、最終的には自分の価値観に合ったタイプに収斂していく。だから「アンカー」といいます。

キャリアアンカーモデルの質問票に答えていくと、キャリア志向性のタイプが想定されます。それを本人に答えさせるのと同時に、上司側も自分自身でやってみます。さらに上司は、部下を想定して、その部下の思いを想像しながら答えていきます。

そして、部下の答えと突き合わせると、当然、上司が想定した答えとのあいだに認識ギャップがある。このとき上司自身のタイプと、上司が部下を想定したタイプを見て気づくのは、部下も自分と同じ考えや志向性をもっているという、勝手な前提が上司側にあったことでしょう。

まずは認識ギャップがあることを理解して、それを埋めていく作業をしなければなりません。認識ギャップの解消なしに、部下に試練を与えると、有望な部下はいじめられていると勘違いして辞表を出してしまう。そんな最悪の結果を、私は何度も企業から聞いています。

とくにいまの若者には、「話さないとわからない」という大前提で接してほしいものです。

どうしても年配の人は、「話さないでもわかりあえる」とか、「部下のためを思って鍛えている」と考えがちですが、いまの時代にそれをしたら、若者は辞めてしまいます。お互いに一生、恨みあって終わりということが起こりうる。

昔のように部下をしごいて、「いずれ、あいつもわかってくれるさ」などと能天気なことをいっていてはダメです。認識ギャップは、すぐにその場で埋めなければなりません。

環境に合わない手法がブラック企業をつくる

背伸びさせる手法には、日常的な仕事のなかで、一つ上の能力発揮レベルを体感させるものもあります。

沖縄のあるリゾートホテルで行った「お写真撮りましょうかコンテスト」は、客にいわれてから対応するホスピタリティと、いわれる前に気づいて対応するホスピタリティの違いを学び、その背伸びの仕組みをゲーム化したものです。これは3－1の可視化でもあります。ホスピタリティの第一段階は、客にいわれたことを理解して満足させるサービス。しかし、次の段階ではいわれる前に察して行動し、感謝されることです。それがほんとうのホスピタリティといえるでしょう。

その違いを、どうしたらリゾートホテルの従業員全員が理解できるか。そのホテルのGM（ジェネラルマネージャー）まで昇り詰めたある人が、現場のリーダーをしているときに「お写真撮りましょうかコンテストを、これから三カ月間、やってみよう」と提案しました。

たとえば、お客さんのなかに子どもの手を引き、荷物をもっているお母さんがいたとしましょう。かたわらに、お父さん、おじいちゃん、おばあちゃんもいます。ちょうど写真を撮るのにいい場所に家族がそろっていますが、お母さんは子どもを抱えていて、カバンからカメラを取り出しにくい。写真を撮るのをあきらめているかもしれない。そこで、お母さんに「お写真撮りましょうか」と声をかけるのです。

「ありがとうございます。ちょうどいま、撮りたかったんです」といってくれたら、勝ち点三になります。「いいえ、けっこうです」といわれたら、引き分けで勝ち点一。こちらは何もいわず、お客さんのほうから、「すみません、写真を撮ってください」といわれたら、先に気づかなかったので、負け点三となるわけです。

このコンテストを三カ月やって、だれが一番、点数が高いかを競う。これをやることで、ほんとうのホスピタリティとしての行動がわかってきます。

このゲームを考えた人は、現場のアルバイトからの叩き上げでした。最初、接客の仕事は自分に向いていないと思い、一日で辞めようかと思ったそうですが、努力してホテルのGMにまで出世しました。そういう人の発想だから、そこで働く沖縄の若者たちにとってリアリティがあるのでしょう。

内地から来たベテランのマネージャーは、沖縄の若者を「サービス業に向いていない」と切り捨てることがあります。しかし、沖縄の若者だけでなく、いまの若者は社会性が低下しています。とくに男の子はそういう傾向がある。

もう一つは、沖縄の若者は沖縄から出たことがない人が多い。沖縄に旅行にやってくるのは内地の人か外国人ですから、沖縄から出たことがない若者は、客に何を聞かれるか、どんな話をしたらいいか、どう対応したらいいかわからなくて怖いのです。

沖縄に来る人のほとんどは美しい海が目当てですが、じつは沖縄の人は、海ではほとんど泳ぎません。海は見るものであって、泳ぐものではないのです。本土復帰まで学校にはプールがなく、泳げない人が多かった。米国の学校は日本と違い、プールはないのがふつうで、泳ぎはスイミングスクールに通って学ぶものだそうです。

本土復帰以降、内地から来た客がみんなビーチで泳ぐようになり、沖縄の人が真似して泳ぐようになったら水死事故が相次いだ、という話があるほどです。ましてやダイビングをする習慣なんてありません。

そういう環境で育ってきた背景を考慮《こうりょ》して、少しずつホスピタリティを伸ばしていく工夫をしていかないといけないのに、いきなり内地のベテランマネージャーが、「向いていないんだよ、沖縄の若者は」といい放ってスパルタ教育をすると、ブラック企業になってしまいます。実際、沖縄の観光業はホテルを含めて離職率が非常に高い。沖縄の若者の育て方をわかっていないことも、原因の一つなのです。

CSKサービスウェアという会社は、沖縄で最初にインバウンドのコールセンターをつくった会社です。カスタマーサポートのアウトソーシングですが、初の県外向けコールセンターが成長し、沖縄以外にも拠点をたくさん設け、日本全国で従業員が数千人になるほどまでに成功しました。

この会社を立ち上げた、当時の川本久敏社長がこういっていました。

「最初、内地型の詰め込みトレーニングをしたら、社員のほとんどが辞めてしまった。成功の最大のきっかけは、沖縄の人に合った沖縄型の人材育成の仕組みを入れたことだ」

繰り返しになりますが、スターバックスでは、アルバイトにも成長を見ながら四段階でステップアップさせます。その段階に応じて、ちょっとした背伸びの仕事を意図的に与える。

たとえば、黒板に今日のコメントを書く担当にする、試飲会の企画実施の担当にするといったようなこと。通常のオペレーション以外の仕事をさせて、その人を見ながら「君だったら、こういうこともできるんじゃない？　やってごらんよ」と背伸びになる仕事を与えていくことが、じつは店長の大切な役割なのです。

大手日本企業の商品企画部では、懇親会の幹事を若手社員にさせています。その場合、重要なのは、懇親会の前に企画書をしっかり書かせること。そのうえで懇親会後に参加者に対して、懇親会の満足度アンケート調査をします。それを幹事の若手社員にフィードバックして、反省会をさせる。これをやると、商品企画のトレーニングになるといいます。ちょっとした試練を意図的につくって与えることが、背伸びの機会になるのです。

成長を継続させるキャリアステップ

3－3　キャリアステップの提供による成長の継続

あるべき姿　中長期的な成長の継続と、キャリアの形成のための次のステップを、社内外問わず、本人に意識させ、提供している。

質問　上級管理職や経営幹部、経営者は、社員個々人の成長が持続するように、仕事の与え方やローテーションを意識して行っていますか？　社員自身は、この先三〜五年後も、この会社で自分は成長していくだろうと感じていると思いますか？

以前、ラボで行った二十代の若手社員を対象とした一二社一四〇〇人のアンケート調査では、「これから先もこの会社で長く働きたいと思うかどうか？」は、成長実感以上に、「この会社にいて三〜五年後に成長していると思うか？」という成長予感との相関が高かったことがわかりました。

先の読めない時代に、新卒一括採用、終身雇用、年功序列モデルを前提とした、昔の大手製造業の職能資格制度のような、将来にわたるキャリアパスを一律で全員に示すことは無理だし、危険です。それは働き方の多様化からも当然でしょう。

先が読めないのは、社員も同じです。同期より一年昇格が遅れるかどうか以上に、親の介護がいつ必要になるか、出産しても育児にどのくらい手間がかかる子どもなのか、そのときに親は元気で近くに住んでいるのか、逆に一人っ子で親の面倒を見る必要があるから地域限定職を選択したが、入社早々にその親が亡くなって、その地域にこだわる必要がなくなったなど、個人にも何が起こるかわからない時代なのです。

かといって会社が、「あなたのキャリアの一寸先は闇です」としかいえないようでは、社員を育成することは難しい。初任者のときはともかく、仕事にだんだん慣れてきたころに、次のキャリアステップとしてどんなものがあるのかをきちんと示し、相互にコミュニケーションしながら、キャリア自律の概念と重ねて次を見通していくことが重要になってきます。「次のステップはこれ。そこをめざしてがんばろう」というように、先が徐々に見えてくることが大切で、それによって若者の成長予感は変わります。

ミドルでも同じです。出世型キャリアパスがきわめて限られてくるなか、逆に出世を望まない人たちも増えています。一方で、高齢化社会で長く働いていくために、多様な成長の選択肢を用意し、それを本人に意識させる。ミドル自身も次の成長のステップを考え、自分はこれからどうしていきたいのかを内省する。自分のキャリアの棚卸しをさせて、次への布石を打っていくことが必要なのです。

前に述べた看護職員の事例で、専門看護師や認定看護師制度というのもその一つです。専門看護師や認定看護師は領域が定義されていて、その特定の領域で高いレベルの人を認定します。この専門看護師の登録数がいま、増えている。認定看護師は一九九七年に五九人でしたが、二〇一二年には一万八七八人に伸びています。

看護師になって三年ぐらい経つと、ジェネラリストとして仕事全般ができるようになりますが、その先の成長ステップを制度としてつくって見せる仕組みというわけです。

出世ばかりがキャリアではないという時代になってきているので、次のステップを意識させていくことが重要なのです。しかし、企業の場合、たんなるポスト対策で、とってつけたような専門職制度やプロフェッショナル制度をつくっているケースがよくあります。それが企業の優位性を構築し、顧客への価値提供に結びつくのか、具体的にイメージできる内容であるかどうかを見直すべきでしょう。

多様な福祉事業を行うある福祉法人では、たとえば老人介護施設の職員が仕事に慣れてきて成長曲線が落ちてくると、積極的に異質の分野、たとえば障碍者雇用支援の分野の仕事に就かせます。そうすると成長曲線がふたたび立ち上がるそうです。その後、元の職場に戻すと、また新たな成長曲線が始まるケースが珍しくないといいます。

障碍者雇用では、地域の職種、仕事内容、雇用主との調整などで、地域ビジネスの実態を学びます。その知識があれば、老人介護施設に行ったときに、地域ビジネスを経てきたお年寄りに合った会話ができるようになり、「これまでお仕事は何をやってきたのですか？　じゃあ、こういうことにチャンレジしてみませんか」と、お年寄りに生きがいを提供するような発想力もつくのです。

4 職場育成機能を補完する人材育成投資

これまで、職場における日常の人材育成機能について述べてきました。

しかし、それだけでは不十分です。ふだんの職場での学びや仕事経験だけに頼らずに、特別な人材育成施策を行っていかなければならない分野があるからです。

そもそも日本は、企業内研修や自己啓発、さらには大学や大学院での社会人の学びなおしが、いずれも世界で最低レベルの水準。そうしたなかで、いかに職場以外で学ぶかが今後の課題となります。

沖縄ばかりではなく、日本中の地方で、地元志向の若者が増加しています。この背景には、少子化で親が子どもを放したがらないこともあるようです。大都市の若者でも、海外志向が低い、と指摘されています。

地元や自国を愛することは素晴らしいことですが、その理由がリスク回避の消極的なものに見えることが問題でしょう。一度外に出ていき、多様な体験をしてから帰ってきて、地元や自国のよさを理解するというのが望ましい。

観光業では、当然ながら地元以外の人や外国人が顧客ですが、地元から出たことのない人に仕事が務まるでしょうか。たとえば、沖縄の高級リゾートホテルに泊まりに来るお客さんは、世界のさまざまな高級リゾートホテルにも泊まっています。しかし、働いている人が一度もほかの高級リゾートホテルに泊まったことがないと、素晴らしい接客がどういうものかをイメージしにくいはずです。

高級リゾートでは、研修の一環として、海外の高級リゾートホテルに泊まりに行くのを報賞旅行にするといいかもしれません。たとえば、組織の壁を乗り越えて、お互いに協力しあうチームをつくり、いろいろなかたちでおもてなしを向上させることをチーム同士で競わせる。そこで一番実績のあったチームを表彰して、別の高級リゾートホテルに泊まらせて、ホスピタリティを経験してくるというのもいいでしょう。学びの場として、貴重な報賞となります。

サービス提供者と、顧客の人生体験とのギャップが大きすぎると、感受性をはたらかせることが難しくなるというサービス業特有の問題が存在します。

いま、多様な業界でシェアードサービスが増えていますが、難しいのは、日本や海外のいろいろな地域で行っているオペレーションの一部だけを取り出して仕事をしているため、自分自身の仕事は全体の仕事の流れのごく一部であり、その全体像を見られないことです。たとえば、給与計算だけをしている人は、その前後の工程がまったくわかりません。前後の工程を担当している人は県外や海外にいて、会ったこともないという状態です。

実際に、ソニーでは、沖縄にロジスティクスの伝票管理や進捗管理の仕事をもってきたのですが、ロジスティクスの物流は世界中で動くわけです。その一部分の伝票管理や進捗管理だけを沖縄でしても、実際に工場からお客さんに届くまでの流れがわからない。そこでどんなことが起きて、そこで働いている人たちがどんなことに困りながら、どう仕事をしているのかがわかりません。そうすると、何かあったときに感受性をはたらかせることができないという問題があります。

前後の仕事を理解させないといけないので、そのためにあえて長期出張を命じるそうです。「自分が担当している仕事は、全体の流れのこういう工程で、自分の上流工程の人たちは、こういう職場でこんな仕事をこういう気持ちでしている人たちなんだ」と理解します。戻ってきて自分の仕事をすると、「そうだ、あの人たちはきっとこういうときにこうしてあげないと、困ってしまうだろう」という感受性がはたらくようになる。

そのため、シェアードサービスやBPOで働く人たちは、仕事の全体観が不可欠です。これはふだんの仕事だけでは育ちにくいので、やはりなんらかの研修が必要になります。

前述しましたが、「オペレーション業務」では、昔のように故障や事故が滅多に起こらなくなりました。制御がデジタルでブラックボックス化していったため、仕事をしながら育っていくという要素がどんどん弱くなっています。滅多に起こらない想定外の事態にどう対処するかがますます重要になっており、そこは仕事経験だけには頼れません。

変化対応力や応用力が重要な「顧客接点サービス業務」や「高付加価値業務」においても、基本は基礎理論や教養、地理的歴史的背景の理解などですが、それらは日常の業務では学びにくい。さらには、長期的な投資の発想で育成しないと育たない経営幹部、リーダー、高度な専門職などは、日常の職場育成機能だけに頼っていては不十分でしょう。

人材を定着させる仕組み

4－1　十分な初任者導入教育

あるべき姿　新入社員、中途入社、ないしは職種転換などの大きな変化において、新しい職務職場に適応するための機会が提供されている。

質問　新入社員・中途入社社員が職場になじんで安全に働けるような入社時教育は、十分行われていますか？　新入社員・中途入社社員がうまく仕事と職場になじんで定着しつつあるかどうか、経営幹部はつねに注意深く観察していますか？

看護師の新人看護職員研修が法律で努力義務化されたのは、まさにこの十分な初任者教育の話です。いまは昔と環境も違い、若者も変化しています。「背中を見て育て」型の徒弟制度では、大きなひずみが出るのは当たり前。そのため初期キャリアの段階で退職する人が増えたので、新人看護職員研修を努力義務化したところ、定着するようになりました。

インド最大のIT企業、インフォシスを二〇一二年に訪問しました。同社は社員一四万人。BPOやソリューションなどで急成長しているバンガロールにおいて、IT業界のトップにいます。製造業などと比較すると、カーストの影響がほとんどないので、意欲ある優秀な若者に人気ですが、一方で離職率も高い。以前より落ち着いたものの、バンガロールにおける業界全体もインフォシスも、だいたい年間一八パーセントの離職率です。離職率が高くて成長しているので、採用人数が非常に多い。インフォシスは毎年約四万人を採用し、そのうち約七割が新卒の理系大学卒です。それが三年で半分に減ってしまう。

しかし、ＩＴ業務は基礎が大切です。スキルだけでなく理論も求められる。さらにはチームワークなどのソフト面も、最近の若者は問題があるので、これらをセットにして研修しています。

その新入社員研修は、毎年二万八〇〇〇人に対して六カ月間行われます。バンガロールから数百キロ離れたマイソールという町にある研修施設は、宿泊施設が計一万四〇〇〇室あり、つねに満室状態です。新人が三年間で半分になっても、教育を十分しないで職場に出したら、生産性が上がらないので、これだけ教育に投資するのです。

インドのＩＴ企業によると、日本企業は基礎教育が不十分なまま職場に出すから、ソフトウェア開発の生産性が低いといいます。「仕事をしながら仕事を覚えろというのは、一番生産性が低い。基礎教育は研修でしっかりやらなければダメだ」ということのようです。

一方で、この想定外変化の時代、厚生労働省は企業内での雇用維持への補助をカットして、流動策へ動こうとしています。

経済産業省の産業人材育成室では、ボリュームゾーンで働き盛りの四十代ミドルを、成長余地の少ない重厚長大的大企業から、今後の国の経済成長と雇用を支えるサービス業などの新興産業の企業へ、転職支援する事業を行っています。

ただ、ミドルのチャレンジは、単純にスキルギャップを埋めるという以前に、内省を通じて自身のキャリアへの前向きな態度を引き出さないと難しい。さらには基礎からの学びなおしも必要でしょう。

新しいキャリアにチャレンジする人たちを活用できるかどうかは、このミドルのキャリア自律の支援と、表面的なスキルだけではない、基礎からの学びなおしにかかっています。それさえできれば、異業種とはいえ、経験豊富な人材を中堅・中小サービス業で活かすことも可能になります。

最近、いくつかの企業でたんなる「追い出し」ではない、四十代のキャリア自律支援が始まっていますが、想定外の大幅な職種転換が人生で避けられない時代に、この試みはとても重要です。

仕事をしていて、急にまったく違う業務や職種に就けといわれたら、ギャップが大きすぎる。スキルギャップを埋めるよりも重要なのは、自分自身を振り返り、普遍性の高い強みは何か、次の仕事にチャレンジするためには、どう働けばいいのかを考えて、「次はこっちだ」

と前向きな気持ちになり、自分らしさを再確認することなのです。

企業はミドルに対して、自分の価値提供のあり方、自分の会社のなかでの立ち位置、そして新しいことへの取り組みの仕方を、しっかり腹落ちさせてからスキルギャップを埋めてあげないといけません。無理強いして、「さあ、こっちに行け」「こっちに次のチャンスがあるぞ」「でもスキルギャップがあるから、このスキルを覚えなさい」といっても、おそらく身につかないでしょう。

いまの時代は、それなりの自己分析やマインドセット変革を前提とした、スキルギャップを埋める教育が必要です。そのうえで、業種や職種を転換していく仕組みをつくってあげないと、社員はついていけません。新入社員のときだけ丁寧に教育して、あとは仕事をしながらキャリアをつくっていけというのでは到底追いつかないほどの、想定外変化の時代なのです。

サービス内容を知らない従業員

4-2 職場では得られない特定スキル・基礎理論や教養の獲得

あるべき姿

職場の育成機能だけでは不十分な能力の獲得のために、研修などの十分な人材育成投資を行っている。

質問　職場の仕事経験や指導のなかでは得られないが、重要な知識やスキル、経験にどのようなものがあるか把握していますか？　日常の仕事以外に、理論的体系的知識や外部の人たちとの交流などのための場や機会を、社員は十分もっていますか？

初任者教育と重なる部分もありますが、すでに述べたように顧客接点が電話やメールで、物理的に遠隔にあるシェアードサービスやＢＰＯなどの業務の場合、仕事の全体像がどうなっていて、何のためにこの仕事があるのかが理解しにくい。その場合は、顧客側への出張研修などで、全体像を把握する研修をするといいでしょう。

観光などの業務は、顧客接点が目の前に物理的に存在しますが、県外や海外から来た客は、自分が行ったこともない、さまざまな土地で受けたサービスの経験があります。

さらにいえば、地元の家庭で育つと、意外なほど日々の生活に直結しない地元の観光資源についての知識がありません。花の名前を聞かれてもわからない。おいしい郷土料理の店も知らない。

東京でもいくつもの企業にヒアリング調査をしましたが、そのなかで面白かった企業の一つが、羊羹《ようかん》で有名な虎屋です。食品は製造業かもしれませんが、虎屋はサービス業の側面が非常に強い。

たしかに私も虎屋の羊羹は好きだし、おいしいと思いますが、値段は決して安くありません。質は高くても、あの値段であれだけの全国展開ができるのは驚異的です。九〇〇人近い社員のほとんどが正社員で、半分以上が販売職で構成されています。

虎屋の羊羹のつくり方は、秘伝でも特許でもなく、再現可能です。「ちゃんと手間をかけて、材料も吟味すればつくれます」といいます。しかし、それに見合った付加価値をのせて販売する仕組みがなければ、あの価格帯を正当化しながら、九〇〇人の社員に給料を払い、あの規模で展開するブランド力はつくれません。

顧客には、お茶の世界に詳しい、季節の花鳥風月をめでる人たちが多くいます。その人たちを接客し、お菓子に込めた意味を伝えるには、正社員でないと無理だそうです。社員には、お茶の作法や季節の花鳥風月の勉強もしてもらわないといけないし、会社もそういう研修を実施しています。

茶道をしている顧客に、「このお花は何?」と聞かれたとき、「わかんないっす」と答えたら、ブランドに傷がつきます。「百人一首のあの歌に出てくる花をイメージしてつくったのが、このお菓子なんですよ」などと、ちょっと気の利いたことがすぐに伝えられなければなりません。ふだんから花鳥風月や季節の移ろいに対する感受性を養い、お茶の作法を勉強していないと、接客付加価値が出せないのです。

リーダーとなる人材へのマネジメント教育

4-3 長期的視点の意図的なコア人材育成投資

あるべき姿　日常業務のなかでは育ちにくく、育成に時間のかかるリーダー人材などを長期的視点で発掘し、育成することを行っている。

質問　これからのリーダー人材について、その候補者を意識して、それらの人たちに何か特別な教育や仕事の機会を与えていますか？　いま現在の仕事に直接的な関係が薄くても、将来のために大事だと思われる人材育成投資は、意図的に十分行われていますか？

大手企業では二十一世紀に入る前後から、早期選抜による経営幹部育成に取り組むようになりました。

リーダー人材や高度な専門人材は、育成に時間がかかります。ふだんの仕事をしながらのＯＪＴだけでなく、「この社員をこういうふうに育てていこう」と意図的に育てていくことが重要です。

たとえば、ある有名な外資系の伝統的グローバルホテルチェーンでは、希望する地域採用の社員に対して、短期間に世界数カ所の現場で明確な課題を与えてチャレンジさせ、ＧＭ候補を育てる仕組みをつくってきました。

サービス業、ホスピタリティ産業でも、世界を見渡せば、経営人材育成のための長期投資の特別な仕組みやノウハウは存在します。

「個別性」が低く、「専門性」が低い現場、たとえば、工場の場合は、作業が下手でも工場長は務まります。工場の作業と工場長の仕事は全然別だからです。

ところが、「個別性」「専門性」が高い現場はそうはいかないので、意図的な仕組みが必要になります。たとえば、病院長は医師でないと務まりません。医師をマネジメントすることができないからです。しかし、残念ながら、日本では経営を学んでいる医師はきわめて少ないので、日本の病院経営はおかしくなってきました。かといって、医師でない人に病院は経営できない。経営と医療と両方に卓越した人を、何人も育てていかないといけません。

そこまで「専門性」が高くないホスピタリティビジネスでも、顧客接点でのテーラーメードの価値提供が重要な介護施設でも、やはり現場の経験が豊富な人が、ある段階からマネジメントを学んで成長していくという、意図的な人材育成の仕組みをつくらないと経営はできません。現場経験はないがMBAをもっていて、異業種のマネジメント経験がある人をただ連れてきても、経営はできないのです。

そういう意味では、現場のなかから早期に経営人材を抜擢《ばってき》して、マネジメントができるように育成する必要があります。そのサービス業に合ったかたちの幹部育成ノウハウや手法が求められるのです。中堅・中小企業でも可能なものとなると、何社か連合して、外部での武者修行や出向などを行う制度があってもいいでしょう。

5 人・仕事・キャリアへの取り組み姿勢の形成支援

最後は取り組みの姿勢です。人材育成は、やはり組織のなかで人に対する関心が薄いとできません。仕事に対する関心はあっても、部下や後輩、同僚に対し一人の人間として関心をもつことができるか。それによって、自分は一人の人間として大切にされていると感じられます。

前述したように、自分の人間性が大事にされていると思うかどうかは、上司と部下とのあいだで認識ギャップが大きい。人材育成の基本は、人への関心なのです。

さらに育てられる側の姿勢の問題もあります。キャリア形成の姿勢などの基盤的条件が不十分だと、教育投資をしても投資対効果が悪くなります。キャリア形成の姿勢がまったく受け身で、だれかが育ててくれると若者たちが思っているなら、やはり投資対効果は悪いでしょう。

働く価値観、つまり「仕事とはどういうことなのか?」を自分なりにしっかりもっているほうが、投資対効果は高くなります。

本書で紹介したIIPやGPTWは、人に関するこうした風土的な部分への会社の努力関与を重視しているわけです。

さて、第一分野で人材育成の前提条件を、第二、第三、第四分野で具体的な三つの手法を説明してきましたが、この第五分野では、結局、人やキャリアに対する関心という土台がないとダメだということを示します。日常的にコツコツと努力を積み重ねることが、もっとも必要な分野でもあります。

相互の社員を尊重できる環境づくり

5-1 個人に焦点を当てた人間尊重の風土と人への関心

あるべき姿　日常の多様なコミュニケーションを通じて、相互に人間として関心をもち、個人を人として尊重しあい、支えあう風土が確立されている。

質問　上司は部下が仕事上の困難に遭遇したときに、十分に支援し精神的に支えていますか？　社員同士が相互を尊重しあい、自分の考えを率直に述べ、質問したり助けあったりする関係になっていますか？

まず、個人に焦点を当てた人間尊重の風土づくりと、人への関心をもつことが大切です。サイバーエージェントにおける社員個人に光を当てる制度がこれにあたります。いろいろなかたちで社員一人ひとりに注目し、みんなに評価される場や仕組みをつくっていくのです。

スターバックスでは、「アンバサダーカップ」というコーヒー豆販売の専門的知識と、スキルを問うコンテストがあります。コーヒー豆を売るときの接客や説明の仕方も含めて審査するものです。このコンテストは、非正規社員も参加でき、全国で競いあい、地域代表が集まるファイナルの場では各地域の応援団もやってきます。地域責任者がみずから着ぐるみを着て、応援団には応援賞も授与され、大いに盛り上がります。地域代表者は、米国本社からもやってくる審査員たちを前にしてコーヒー豆の知識を披露《ひろう》し、接客のロールプレイを行います。

そして、日本代表の「コーヒー・アンバサダー・オブ・ザ・イヤー」になると、シアトル本社への勉強旅行が報賞として与えられる。ちなみに非正規社員が日本代表になったことも、何度もあります。

また、地域代表者には、「ブラックエプロン」の栄誉が与えられます。スターバックスには基本的に制服がなく、ドレスコードがあるだけ。上が白で、下が黒というほかは、すべて私服でいい。ちなみに、ピアスもオーケーです。ほかの飲食店に比べると自由度が非常に高い。

ただ、支給しているエプロンはグリーンです。しかし、「コーヒー・アンバサダー」になると、ブラックエプロンが授与される。これが大変な名誉になるわけです。

サービス業では、家族の助けがあって初めて働くことができる人たちも、少なくありません。たとえば、パートのお母さんたちが主体の場合、家族も呼んで表彰する方法もあります。壇上《だんじょう》で表彰されるお母さんを家族が見て、「いい会社に勤めているね」と実感する。家族に誇りをもたせるというのも、個人に焦点を当てた人間尊重の風土づくりの一つの方法です。

昔、日本のあるベンチャー企業で、若手社員の成績優秀者を壇上に何人も上げて表彰していましたが、そのときに、必ず親を呼んでいました。親が見ている前で若手社員を壇上に上げて、「お父さん、お母さん、見てください。息子さん娘さんのおかげでいま、会社はこんなに成功しているんです！」と社長が話す。すると、親は「息子はいい会社に勤めて、あんなに認められているのか」と誇りに思う。こうした仕掛けも一つの方法でしょう。

自慢話になってしまうかもしれませんが、昔、私がワトソンワイアット（現在のタワーズワトソン）の日本法人の社長になって二年目に、初めて黒字達成しました。その後、毎年社員旅行をするようになりましたが、数年目から家族帯同にしました。もちろん家族の経費は社員の自腹ですが、多くの社員が家族と一つの部屋に宿泊し、ふだん忙しいコンサルタントたちをねぎらいます。ある社員が、ちょっと成長感が低下してきたタイミングで、配偶者に「あの会社辞めようかな」とぽつりと話したところ、「あんないい会社辞めないほうがいいよ」と、その配偶者が引き止めてくれたそうです。社員の身内を味方にするのも、働く意欲にはよい影響があるようです。

多面フィードバックが内省を促す

5－2 気づきや腹落ちをとおしての仕事観や仕事への取り組み姿勢の形成

あるべき姿　一人ひとりが自身の仕事に関して、気づきや腹落ちでしっかりとした価値観や取り組み姿勢をもって仕事に取り組んでいる。

質問　社員自身にとって、自分の仕事とは何か、何が大事なのかといった仕事観について、自問自答するような機会は十分あるでしょうか？　経営幹部、管理職を含め、社員個々人が、自分自身を客観的に見つめ、気づき、自身を変容させ、成長しようとすることを行っていますか？

老人介護施設での「お見送り」のあとの討議は、まさにこうした意味でも大きな効果があるでしょう。

スターバックスのアルバイト教育では、最初に「スターバックスエクスペリエンス」を受けます。ビデオ学習とラーニングカードを用いた、店長との対話です。カードに書かれた事例を見ながら「こんな経験がある」と話すのですが、重要なのは、店長が自分自身の体験をもとに話し、考え方を学ばせることです。

「こういう事例があるんですよ」「こういうときにはこうします」「こんなエピソードもあります」と、ラーニングカードを見て、ビデオ学習もしながら店長が説明するのですが、最後に「私もこういう経験があるんですよ」と実際に経験した話をすると、アルバイトの人は腹落ちしやすくなります。どこか遠くの事例よりも、店長自身の実体験を使ったほうが、聞き手の腹落ち度合いが高い。

広告代理店である博報堂での四十代のキャリア自律研修では、参加者は事前に周囲の七人ぐらいの人から、自分のどこが優れていると思うか手紙を書いてもらいます。研修の初日にそれを読んで、自分でも意識していなかった強みなどを認識します。「自分はこういうふうに見られていたのか」「こんなところが自分の強みだったのか」と発見させるのです。

そして、「自分はこれからこういうふうに仕事に主体的に取り組んで、自律的にキャリアをつくっていきたい」と、整理します。

そして「私は次からこういうふうに自分のキャリアをつくって、こんなふうな立ち位置で、お客さんに、あるいは会社に、あるいは同僚に、価値を提供できる人間になりたい」と、アクションプランを書かせます。こうして、新しいチャレンジの下地をつくっていく。

それを約束として、「私はあなたがこういってくれたおかげで、自分自身のことがよくわかりました。ありがとうございます。私はこういうふうにやっていきます」と、七人に手紙を書くのです。

また、博報堂の三十代のキャリア自律研修では、レゴブロックを使います。十年前の自分はどうだったか、現在はどうか、そして十年後にどんな姿になっていたいのかというイメージをさせる。「自分はどうしたいんだろう」「どんな人間になっていきたいのか」を考えながら、レゴブロックを組み立てることで内省が深まっていきます。

表面的に、具体的なキャリア目標をつくって逆算し、効率よくキャリアをつくろうとすることがキャリア自律ではないと、私はいつも主張しています。そうではなく、漠然としていてもいいから、自分は十年後にどんな姿になっていたいのかを考えてみることが大事です。

たとえば、仕事と家庭のあいだでうまくバランスをとりながらがんばっている自分をイメージして、シーソーをつくります。文章で書くのもいいですが、下手をすると言葉遊びになる可能性もあるので、手を動かして造形したほうがより内省しやすい。

複数の上司や同僚、部下から評価を受ける三六〇度の多面フィードバックも、この効果は高いでしょう。フィードバックをやりっ放しにするのではなくて、丸一日程度、自分自身への内省などを中心にセッションがうまくできれば、気づきと腹落ちによって行動が変化します。

多面フィードバックを導入している企業で、「部下になんかわかるか」「あんな制度、腹が立つだけだ」という批判的意見を聞きますが、それはフィードバックセッションをきちんと行っていないからです。しっかり丁寧に腹落ち過程のセッションを行えば、効果は高いはず。

私が行う養成講座やNCCでも、全員に多面フィードバックを経験してもらっています。周りの七、八人からフィードバックを受けますが、このとき、だれがコメントを書いたかはほぼわかってしまいます。

最初は「あいつ、こんなことを書きやがって」などと腹が立つこともあるようですが、ファシリテーターが、「あなたのためだと思って書いているのです。自分はそんなことをしているつもりはないと思っても、どうしてその人からはそういうふうに見えるのか、もう一回自分で内省して考えてみましょうよ。前向きにいきましょう」と丁寧に説明すると、だんだん素直に受け止めて、内省するようになります。

このとき、ファシリテーターが上手に内省の方向にもっていく技術があることが前提です。そして、フィードバックセッションは絶対に数時間は必要で、できれば丸一日を費やしてほしいもの。

ベンダー任せでやりっ放しの低コスト多面評価ではない、質の高い多面フィードバックを経験してもらうと、その効果がわかります。効果を実感した人たちに、自分の会社でさまざまな内省や腹落ちの仕組みをどんどんつくっていってほしいというのが、養成講座の狙いでもあります。

さらに、博報堂の事例のように、最後に「自分はこう変わるんだ」と決意したら、それを必ず上司や周囲の人、さらには家族とも共有することが大切です。それが難しい場合には、一年後の自分に向けて手紙を書くことをお勧めします。それを一年後に投函《とうかん》し、自分に返ってくるようにすると、もう一回思い出して決意を新たにすることができます。

手法はいろいろあるので、「多面フィードバックを実践してみましたが、うまくいきませんでした」とあっさりあきらめないでください。

人間のメンタルやマインドの部分は、どんなプロセスで変わり、思考や行動特性の変容につながり、習慣化していくのか。一つの制度で全員が変われるものではないので、そのプロセスや手法を試行錯誤していくことが大切です。

職種による特性もあれば、その会社の人たちのパーソナリティによっても違うかもしれません。プライドの高い人たちが大勢いる会社もあれば、人懐っこい人ばかりの社風もあります。

いろいろな手法をテーラーメードで使いながら、ほんとうの気づきや腹落ちをしてほしい。そんな取り組み姿勢ができるような仕掛けを、ぜひ考えてみましょう。

主体的なキャリア意識の形成

5-3 高い視線や広い視野をもったキャリア自律の意識の形成

あるべき姿　一人ひとりが経営の視点、社会の視点などの高い視点と、グローバルな広い視野で、向上心をもって自身のキャリア形成に主体的に取り組んでいる。

質問　経営目標の策定、経営課題の討議などで、社員を巻き込む経営参画を行っていますか？　社員個々人は、自身のキャリアを切り拓いていくために、勉強や仕事のなかで主体的な努力をしているように思えますか？

われわれのラボでは、二〇〇〇年五月の設立以来、会社でのキャリア自律研修やキャリアアドバイザーの養成のお手伝いを多く手がけてきました。大企業の場合には、社内のキャリアアドバイザー制度の立ち上げや養成をしたり、丸の内シティキャンパスやラボを通じてコンサルティングをしています。

中堅・中小企業の場合でも、自己分析などの研修を含めたキャリア自律支援やキャリアアドバイザーのサービスは、外部のフリーランスの方などと契約すれば可能です。あるいは、数社が合同でキャリア自律研修をして、さまざまな会社の若者から刺激を受けるという方法もあります。企業規模によっていろいろな工夫ができるでしょう。

沖縄の雇用環境改善支援事業では、中堅・中小企業でも使いやすい短縮バージョンを開発し、その研修をファシリテーションできる地域のファシリテーター養成も行っています。

キャリア自律でも、「自分の提供価値は何だろう？」「自分はキャリアや人生を通じてどう成長していきたいのだろう？」と考えることが、とても重要です。自分のこだわりを強くもち、たんなる固定的キャリア観から脱するためには、経営参画をさせることも効果的でしょう。

これによって、現場の第一線に立つ人も、経営的な目線でものを考えることができるようになり、権限委譲が可能になります。

手法の一つとしては、会社におけるリーダーの人材像とはどういうものかといったことを、外部の専門家に記述してもらうのではなく、ワールドカフェなどの集団的対話手法を用いて、全員で議論していく方法があります。ワールドカフェとは、カフェのように参加者が少人数に分かれたテーブルで自由に対話をしながら行う議論のことです。

たとえば、「うちの第一線のリーダーはみんな叩き上げなんだ。『背中を見て覚えろ』というだけで何の人材育成もしない。やはり、マネージャーにはマネージャー、リーダーにはリーダーの役割があるはずだ。うちの会社でいう第一線のリーダーとはどういう能力をもっていて、どんなことができる人でなければいけないのか？」。

こうしたことを議論していくわけですが、よくあるのは、外のコンサルタントに丸投げしたり、経営者が「こうだ！」と答えを出すことです。一つの助けにはなるでしょうが、やはり社員全員で議論してほしいもの。五〇人ほどの会社でも、集団的対話手法を用いることはできます。

もちろん、そこに外部の人間に入ってもらい、アドバイスを受けてもいい。ただし、それを鵜呑《うの》みにするのではなく、いったん受け止めたうえで、全員が目線を上げながら議論して、「やっぱりうちの会社のリーダーはこうでないといけないよね」という意見をつくりあげるのです。

この場合、むしろプロのファシリテーターとして外部の専門家の助けを借りることを勧めます。そして、最終的には経営者がまとめていく。そういうプロセスを経ることで、「わが社の人材像」というものへの社員全員の腹落ちの仕方が変わるのです。「自分もこうならなければ」と強く思えるでしょう。

このように、経営目線の議論に社員を巻き込んでいくことが、経営参画なのです。

企業再生にかかわることの多い星野リゾートでは、再生対象の宿泊施設の従業員全員を巻き込んで、「この宿をどうしたいのか？」と、顧客ターゲットやサービスについて、徹底的に議論させます。どんなお客さんにどんな価値を提供し、何を売りにしたいのか？

もちろん、星野社長や星野リゾートのスタッフが入ってファシリテーションし、いろいろなデータを提供したりもしますが、「最終的には、あなたたちが決めるのですよ」というスタンスです。

つまり、経営が行き詰まった宿泊施設に乗り込んでいって、相手のやり方を批判し、自分たちのやり方を押しつけるような真似はしません。最初に、「あなたたちはこの宿をどうしたいのか？」と、元の従業員たちに議論させるというプロセスを、必ずとります。

星野リゾートの再生案件の一つ、リゾナーレ八ヶ岳では、温泉がないのが弱みでした。星野リゾートが提供したデータでは、温泉に対するニーズが一番低い客層は、小さい子ども連れの家族。それを見せて全員で議論したところ、「たしかにそうだ。小さい子どもを連れたお父さん、お母さんが一番楽しめるリゾートにしよう」と、方向性が決まりました。そのための施設や接客のアイデアが、どんどん社員たちから生まれたのです。

このように、再生に対するコミットメントを、社員から引き出すのが、星野リゾートの方法です。これも、経営参画という考え方の典型でしょう。外から押しつけるようなやり方では、ダメなのです。

経営参画の取り組みには、「個別性」と「専門性」が求められ、かつ顧客接点でのみ価値が創造されます。創造と同時に提供される「顧客接点サービス業務」や「高付加価値業務」においては、とくに力を入れたいところです。

第6章 社会として何ができるのか

経営者は地域で育てる

第5章では、一企業としてどのような人材育成が大事か、どんなことに取り組むべきか、人材育成企業とはどういう企業なのかを、個別企業単位として論じてきました。

最後に加えておきたいのは、個別企業単位の努力を加速するという意味でも、どうやって社会として、地域として、ホワイト企業を増やしていけるのか。サービス業の人材育成を通じた雇用の質向上と生産性の向上を加速するためには、どんな社会的な方策があるのか。私が現在行っている取り組みも、事例として紹介しながら説明していきます。

大手企業ならば、企業内で経営者育成をプログラムとして実施することもできるでしょうが、中堅・中小企業では限界があります。オーナー企業であれば、息子をほかの企業に武者修行に出して育成するといったことをしますが、当然そういった企業ばかりではありません。地域で経営者育成の取り組みを行うことが、その地域におけるサービス業の質向上の第一関門でしょう。

そこで、経営者を育てるための横の連携や相互の刺激、さらには地域としての育成プログラムが必要になってきます。

ＫＡＩＬ（九州・アジア経営塾、The Kyushu - Asia Institute of Leadership）というＮＰＯでは、サービス業比率が比較的高い福岡で、地元から優れた経営者を生み出し、しかも九州だけでなく、アジアまで視線を広げることをめざしています。地元有力企業である九州電力、ＪＲ九州、西日本鉄道、福岡銀行などの「七社会」が出資して、このＮＰＯを設立しました。

十年以上にわたって、週末を使って年間二百二十時間を超える質の高い研修を行い、人材を輩出してきました。地域の有名な中堅企業などが、このＫＡＩＬに次世代の経営幹部を送り込んでいます。

地域で収益を上げているリーディングカンパニーが、その地域に貢献できることは、地域の経営者育成をサポートすることでしょう。そのために、お金も人も出すという仕組みをつくったのです。

もちろん、参加者からは参加費用をもらっています。なんと、二百二十時間で二〇〇万円以上。中堅・中小企業にとっては大変な負担ですが、それに見合った研修なのです。

自分で講師の一部をやりながらいうのも何ですが、大変有名な方々を東京から大勢呼び、日本を代表するような経営者が何人も来ています。東京以外で、とてもこれだけのプログラムを開催できるとは思えないようなコースを、九州で行っているのです。

ですから、二〇〇万円以上の参加費をもらっても、それだけでは賄《まかな》えず、「七社会」が毎年、数千万円を補助することで成り立っています。

この取り組みも十年が経ち、「ＫＡＩＬ出身」ということが地域ブランドになりました。ＫＡＩＬ出身者が経営者や経営幹部となり、「私はＫＡＩＬで大変勉強になった」と実感した人が、自分の後輩でほんとうに優秀な人間に「おまえも行ってこい」と指示して、いい連鎖が生まれているのです。ＫＡＩＬはすでに好循環の段階に来ています。

九州でできることが、ほかの地域でできないはずはありません。ＫＡＩＬのさらなる発展に期待すると同時に、ほかの地域での応用を期待しています。

人材育成のプロをどう増やすか

人材育成やその根幹となる人材像は、その企業のビジョンやビジネスモデルと深く関係します。とくに、その企業の特徴や優位性にかかわる人材育成は、テーラーメードで企業が実現しなければなりません。外販のパッケージ研修商品では不十分なのです。

しかし、このテーラーメードの人材育成が、簡単ではありません。さまざまな手法を知ったうえで、自分たちの会社のビジョンや課題をよく理解して、自分たちの会社に合った手法を開発し、それを経営者に説得して社内で推進していく。これが人材育成の進め方です。

私は、人材育成力を向上させたいが、どうしていいかわからない会社を支援するため、合計百時間近くに及ぶ養成講座を、二〇一二年度、二〇一三年度に沖縄で実施しました。二〇一二年度に初めて実施したときには当初、五〇名の定員で募集したのですが、なんと一四〇名もの応募がありました。

沖縄には人材育成支援系の公募事業がいくつもあるのですが、こんなに高い倍率が出ることはまずないということで注目されました。なにしろ東京の大企業に勤める人たちが、「私もぜひ参加したい」というほどの人気なのです。

東京でも、これほど豪華な講座はなかなかできません。同じコースを東京で行えば、おそらく参加費用が一五〇万円ぐらいかかるだろうと、業界の人も大手企業の人材育成をしている人もいっていました。実際、東京でもこれだけの講座は実施されていません。

では、なぜそれを沖縄で実施するのかというと、輸出型製造業の大手企業で蓄積された使い古しのノウハウを、そのまま沖縄にもってきても、効果がほとんどないからです。冒頭で申し上げたように、沖縄は「周回飛ばしのトップランナー」なのです。日本の最先端の矛盾や問題が沖縄で起きている。だから、最先端のノウハウを投入しなければ問題は解決しません。

使い古しのパッケージ型研修が、最後の売れ残りのように沖縄で使われるというかたちでは絶対に解決できないので、このようなプログラムを私が設計しました。

観光やサービスIT、介護などの新しい成長サービス業が多い沖縄でこそ、最新の人材育成ノウハウが必要となる。東京の最新のノウハウをもつ講師を中心に招聘《しようへい》し、演習体験によって学んでもらっています。

また、参加者の一部は、社会保険労務士をはじめ、地域で中堅・中小企業の支援を行っている方々で、外部支援者という位置づけです。自分たちの活動領域を広げるためにもノウハウを学んでいるので、非常に熱心です。たとえば、社会保険労務士の方々は、地域の中堅・中小企業の相談に乗っていますが、経営者に人材育成の相談をされることもあります。しかし、どう対応していいのか、彼らの専門領域ではないからわからない。税理士の方々も、経営者に人材育成の悩みを打ち明けられることがあるという。

地域のキャリアカウンセラー、あるいは人材育成事業を手がけている人も沖縄にいないことはないのですが、やはり人材育成のプロが非常に少ない。なぜなら、マーケットが小さく、それだけでは食べていけないからです。

二年目の二〇一三年度は、具体的なアイデアを実現させるための導入支援の予算をとりました。さらには、この外部支援者の人たちは、次の認証制度における企業支援者として、その活動を期待されています。

ＩＩＰの場合もそうだったように、すでにできあがっている立派な会社の認証をしても、世の中としてはあまり変化がありません。ホワイト企業になろうと努力している会社を支援し、どれだけ増やすことができるかがポイントになります。

認証制度がホワイト企業を見える化する

現在、沖縄県で二〇一三年に導入された人材育成企業認証制度は、まさにＩＩＰのような制度です。ＩＳＯの人材育成版ともいえますが、いわゆる表彰制度とは位置づけや意味が大きく異なります。

人材育成企業として認証されることのメリットは、もちろん大きい。「ここはいい会社ですよ。人材育成をがんばっている会社ですよ」と見えると、ホワイト企業だとわかるし、親も安心する。サービス業でも「あの会社だったらいいんじゃない」ということになるかもしれません。

ただ、それ以上に、人材育成企業として認証されると、いろいろなメリットがあることの重要性を感じた中堅・中小企業が、認証されることをめざして、外部の専門家の支援なども受けながら、変革を推進するプロセスこそ、この制度の一番の狙いです。

人材育成推進者養成講座で、テーラーメードの人材育成を推進できる人とその人たちのネットワークを育み、認証制度で企業の人材育成へのコミットメントを引き出す。そのためにも、企業にメリットの重要性を認識してもらう仕組みが必要となります。

たとえば、認証を受けた企業だけで大学生に対する合同説明会を行ったり、あるいは各大学の就職課に認証企業一覧のポスターを貼り、就職を勧める。場合によっては県の入札などの条件の一つとして、認証がある場合は優遇する。そうやって、認証されることのメリットを認識する会社が増えてくるといいでしょう。

沖縄県で数年、認証を続けて、ゆくゆくは一〇〇社近くが認証を受けることになれば、それなりの規模の会社でありながら認証を受けていないと、不審がられるようになることが、私の狙いです。「なぜこの会社は認証がないのだろう?」と思われるぐらいになればいい。

当然、IIPと同じで、三年に一回、再認証するというプロセスは必要になります。二〇一三年、人材育成企業認証制度が沖縄でスタートしました。沖縄でこの制度がうまく機能すれば、全国各地域に展開していくことも可能なのではないかと期待しています。

大学でのキャリア教育

企業側が人材育成の努力をすることも大切ですが、働く側の若者のキャリアに対する意識や、社会に出ていく前の、いわゆる社会人基礎力の強化を学校できちんとやらないと、企業側の人材育成努力だけでは不十分な部分があります。

沖縄では、仲井眞弘多知事が就任してから、「みんなでグッジョブ運動」が始まりました。沖縄県が日本でもっとも失業率が高いため、これを本土並みにしたいという思いから始まったものです。「グッジョブ運動」の取り組みとして、キャリア教育・職業教育の強化がありまます。若者の働く意識や働く意欲を高めることが柱の一つでした。

私も二〇〇七年から、キャリア教育、職業教育の検討委員会の委員や部会長を務めながらかかわってきましたが、この運動はやはりとても重要だと考えています。学校だけの取り組みでは難しいからです。

たとえばインターンシップ。沖縄は小・中・高校生のインターンシップ実施率が非常に高いのですが、初期のころは混乱がありました。受け入れる企業側も、どうしていいかわからない。うまくいかないと受け入れる企業側のトラウマ体験となり、「もう二度と学生を受け入れたくない」ということになります。

インターンシップに行った学生も、放っておかれただけで、「あんな仕事、もう二度としたくない」というネガティブな印象だけをもって帰ってくることになる。このような状況が実際にありました。

しかし、徐々にノウハウを蓄積していきながら、事前学習や事後学習を組みあわせてインターンシップを続けてきました。ジョブシャドウイングという、その仕事をしている人を、影のように後ろから観察するアメリカの手法も、初めて沖縄で採り入れました。さまざまな仕事を疑似体験して、職業観をつくっていく。実際に子どもたちにはやらせることができない仕事も体験でき、企業側の負担も少ないなどのメリットがあります。長期インターンシップとの組みあわせも、さらに有効です。ホワイトカラー化で失われた、家で仕事をするお父さんの背中を見て育んだ仕事観の代行ともいえるでしょう。

このようなキャリア教育や職業教育は、学校だけでやるのは難しい。社会と学校がお互いに協力しあいながらコーディネートし、キャリア教育全般のコーディネートを行う専門家が地域ごとのプラットフォームを形成する。その人たちが、社会の企業やコミュニティ、学校の教員をうまく結びつけないとできないのです。

こうして、子どもたちに質の高いキャリア教育、職業教育の場を与えていくという取り組みが、沖縄で少しずつ花開きつつあります。

世界には、日本が参考にすべき、社会と学校が連携したキャリア教育の事例がたくさんあります。たとえば、米国ノースカロライナのダーラムという町にある、ダーラム観光協会のキャリア教育。ダーラムはカンファレンスシティとして有名で、ホテルがたくさんあり、ホスピタリティビジネスが非常に盛んです。

その業界の人たちが問題意識をもったのは、地元の人たちにどんどんホスピタリティビジネスに入ってきてほしいのに、ホスピタリティの精神は子どものころから地域として育てないと、社会人になってゼロから育成するのではなかなか難しい部分があるということです。

それで、地域の観光協会が地域の学校と協力して、さまざまなかたちでホスピタリティビジネスの体験をさせるキャリア教育をするようになりました。

沖縄でいえば、観光やサービスＩＴなどに対して、雇用の質が悪いという認識が、入社する地元の若者たちの親にありました。実際問題として離職率が高かった。しかしながら、雇用としては非常に大きな吸収力をもっている分野であり、産業的にも今後、成長が期待されているため、雇用の質や生産性を上げる必要があります。そのため地域として戦略的に重要産業と協力し、子どものころからキャリア教育に入り込んでいくことが、雇用の質にも業界の発展にもつながります。それが、地域経済の発展を促すのです。

プロフェッショナルを育てる仕組み

もう一つが、欧州の職業訓練学校です。パリ商工会議所は、三〇〇〇人ほどの職員がいるきわめて大きな組織。なぜそれほど規模が大きいかというと、フランスでは商工会議所は強制加入で、企業はすべて入らなければならないからです。フランスにかぎらず、欧州では企業に加入義務がある商工会議所のある国が非常に多い。

この仕組みは、もともとナポレオンが考えたといわれています。強制加入なので、たとえば法人税課税業務も、代行して商工会議所が行うことも可能です。そこで集めた税金から、企業で人材育成をする場合などに補助金を出す。逆に、税金をたくさんとられているので、人材育成に努力して補助を受けないと、とられ損になってしまう。

つまり、企業は放っておいても、みずからお金をかけて人材育成をやってくれる、という前提には立っていない仕組みなのです。社会としての人材育成を、とくに重要な産業については行わなければならない。そのためには、お金を企業から強制的にとってでも、それを再配分していくという戦略的な考え方が必要になります。これが、商工会議所の地域人材育成システムというわけです。

たとえば、職業学校でいうと、フランスの重要な産業として料理があります。実際、商工会議所は料理人の学校に補助金を出しています。

ほかに、フランスの産業として重要なのはファッション。「エスモード」という学校がその一つです。この学校は国際化していて、東京校、大阪校もありますが、たんなるファッション系の専門学校というよりも、プロフェッショナルを育てる学校です。卒業生の九〇パーセント以上は、パタンナーかデザイナーになっていく。日本のファッション系専門学校と違って、ショップ店員などになる人はほとんどいないし、そういう人を育てるところではありません。レベルがかなり高いのです。

それだけに、日本のエスモードの場合でも、高校を卒業してすぐに入ってくる人は三分の一程度で、大学でほかの学問を学んできてから、あるいは社会人経験のある人が入ってくるケースも多い。これはプロフェッショナルスクールといっていいでしょう。

日本の専門学校のように、授業料だけで成り立たせようとすると、ものすごい人数の学生を入学させなければいけなくなりますが、そうなると当然、プロとしてやっていける人は少なくなります。

ほんとうにその地域の産業を担い、いい教育をしてくれるのであれば、私はその費用の一部を地域として負担すべきだと思います。それは税金というかたちでも、場合によっては前述のＫＡＩＬのように、大手企業が出資するかたちでもいいですし、その地域のおかげで収益を上げている大手企業がお金を出してＮＰＯにするのもいい。フランスの商工会議所のような仕組みも、可能ならやってみてもいいでしょう。

地域の産業を支えるような、プロフェッショナル人材を育てる学校にお金を投入していく。それで質の高いキャリア教育、職業教育を行うという発想も、これからは重要になってくると思います。

変わりゆく日本の人材育成

日本は戦後の高度成長のなかで、多くのことを企業内の施策として、企業努力で成し遂げてきました。産業政策という、企業を対象にした国の関与はあったものの、こと雇用や人事、人材育成に関しては企業頼みだったといえるでしょう。

間違いなく、日本の低い失業率は、企業が大きな人事権の裁量と引き換えに、雇用を抱え込んできたおかげです。そのため、企業の努力を支援する雇用維持に関する助成金は重要な要素でした。しかし、産業間の流動を含む人材の流動化支援に対して、国も政策を転換せざるをえなくなってきています。

一方で、人材育成も企業内依存だったため、社会人になってから学校に戻る人は少なく、たとえばロースクールやMBAといったプロフェッショナルスクールに行く人も、いまだに少ない。

学校教育は、実社会で直接的には役立たないものだと企業は思っています。そういう位置づけは日本特有です。だからこそ、日本は世界で唯一、GPA（大学での平均成績、Grade Point Average）を就職の際に参考にしない珍しい国なのです。

GPAはどこの国の企業でも就職のときに必ず見るし、重視しますが、日本の企業がまったく考慮しないのは、大学の教育というものに対して、産業界がまるで期待をしていないことの裏返しでしょう。

これまでは、産業人材の育成をすべて企業内人材育成に頼っていましたが、変化の激しい現代、企業内部での努力だけに頼って社会を運営することはできません。社会としても、K

ＡＩＬのようにさまざまな施策を打つべきです。

学校教育や社会人の学びなおしについても、社会や企業が評価しないから、社会人は学校に行かない。欧米の場合、最終学歴で人を見るのに、日本はいったん会社を辞めてどこかの学校で学びなおした人をあまり評価しません。「もともとの大学はどこだったの？」「学部時代はどこの大学？」と聞きます。要するに、大学で何を学んできたか、大学でどんな成績だったか、大学を出てから自分の意志でどれだけ学びなおしたかを評価せずに、ジェネラリストとしてどれほどできのいい人間かでレッテルを貼ってしまう。

さらに、実社会のことを知らない教員が多いのも問題です。産学連携が弱く、社会人に教えることができない、社会人大学院の教員が多い現状もある。これでは学びなおしをするにしても効果のほどが心配です。

そもそも日本は、初等中等学校で競争を否定する傾向があります。しかし、大事なのはネガティブフィードバックやネガティブ体験を減らす以上に、ポジティブフィードバックやポジティブ体験を増やす努力をすることです。

最悪なのは、学校でも職場でも周囲の批判を恐れて、ネガティブ、ポジティブの両方がない、ネグレクトになること。日本ではそもそも競争自体を否定していますが、現実の世の中は競争ばかりなので、否定しても仕方ありません。

ネガティブフィードバックとポジティブフィードバックの、両方の格差から努力の意味を知ることもできます。たとえば、手を抜いて適当にやったときには失敗して怒られた。努力してがんばったら成功して褒められた。この格差で人間は、「自分は努力すれば状況を変えることができるんだ」「自分の努力が価値を生み出すんだ」と学ぶ。だからこそ、両方の観点が絶対に必要なのです。

オーストラリアでは、みんなが何かで一番になれるような多様な競争をします。競争を否定するのではなくて、競争をどんどんさせる。いろいろな競争を持ち込んで、すべての人が少なくとも一回は何かで一番になれるように、競争を多様化させてしまう。

それと同様に、ネガティブフィードバックを否定するのではなくて、ポジティブフィードバックをそれ以上に増やせばいいのです。

日本は、タテ型OJTという企業内の人材育成に過度に依存したため、社会、国としての産業人材育成が不足しています。「個別性」の高いサービス業における中堅・中小企業主体の人材育成では、古い日本型の企業内人材育成法だけに頼るのは無理でしょう。

沖縄での雇用環境改善支援事業は、企業内人材育成を支援して活性化させようという試みですが、予算折衝の段階で、個別企業がやるべきことを、なぜ税金で支援するのかという論理が立ちはだかったこともありました。このあたりの発想の転換が必要となってくるのです。

大企業が、企業主体で雇用や育成を内部化してくれたおかげで、社会的コストは低く抑えられたという時代は終わりつつあります。

逆に、そのような企業の内部化、求心力といったヤマト型企業の強みが、コミュニティや家庭への責任を果たさない日本人男性という社会的コストを生んできた面があります。

今後は、全国レベルの施策で、国の重要産業における人材育成の政策的、戦略的施策を進めるべきです。一方で、ＫＡＩＬの取り組みなどもそうですが、地域において企業同士や企業と教育機関が協力しあい、それを自治体も支援すること。サービス業主体の時代は、そうした地域レベルでの人材育成の取り組みが重要になってきます。

おわりに

サービス業化とは、たんなる産業構造の変化ではありません。大きなポイントの一つが、人材育成手法の革新の問題ではないかと私は考えています。

とくに日本の場合は、大手の輸出型製造業に適した日本特有の強み、つまり日本型の労働価値観、あるいはタテ型ＯＪＴという人材育成のノウハウにより、企業が発展し、社会も支えられてきました。

しかしながら、サービス業においても、日本人の価値観やホスピタリティなどをうまく活用することで強みとなりえます。それが発展し、社会を支えていくのです。

こうした企業や業界が発展することで、社会は、サービス業における人材育成に支えられる時代に転換することが可能になります。

組織のタテ型ＯＪＴによる人材育成、組織内の余剰雇用の吸収、それらを支えた組織求心力という輸出型製造業の大手企業の手法が、企業や仕事、社会としても、なじみにくくなっていると、私は以前から実感していました。

これはたんなる雇用流動化の問題ではありません。仕事の中身が変化したのです。その結果、起こりうる人材育成の変化についていけない企業が出てきます。女性活用や男性の家事寄与率、あるいはコミュニティ寄与率がなかなか向上しない社会と企業の問題、地域において親の影響を強く受けた若者の就職アンマッチ問題。すべてが新しいパラダイムを求めています。

世の中には、こうした問題がいろいろありますが、基本的には企業の人材育成、社会における人材育成のパラダイム転換が求められているとしかいいようがありません。

サービス業化した産業は、やり方しだいで、日本特有のよさを強化できるとも考えています。

そのためには個別の企業が、中堅・中小企業を含めて、きれいごとや精神論で「人を大切にする」などといってもダメなのです。地に足をつけて、みずからの経営ビジョンの問題として、人材育成を捉えないといけない。そして、自社固有のテーラーメードの人材育成施策を推進していく。

一方、社会としても、いままでのような企業内人材育成にばかり頼るのではなく、地域として産業として、あるいは国としての人材育成施策をさまざまなかたちで推進していくことが求められています。
ブラック企業を減らし、ホワイト企業を増やすためには、こうしたパラダイムシフトが必要となってくるのです。

二〇一三年十一月

高橋俊介

編集協力——上田真緒

PHP新書
PHP INTERFACE
http://www.php.co.jp/

高橋俊介［たかはし・しゅんすけ］

1954年東京都生まれ。東京大学工学部航空工学科卒業、米国プリンストン大学工学部修士課程修了。日本国有鉄道（現・JR）、マッキンゼー・ジャパンを経て、89年にワイアット（現・タワーズワトソン）に入社。93年には同社代表取締役社長に就任。97年に独立し、ピープルファクターコンサルティングを設立。2000年に慶應義塾大学大学院政策・メディア研究科教授に就任し、11年より特任教授。内閣府沖縄振興審議会委員として、那覇シティキャンパスを立ち上げる。
おもな著書に、『21世紀のキャリア論』（東洋経済新報社）、『人が育つ会社をつくる』（日本経済新聞出版社）、『自分らしいキャリアのつくり方』（PHP新書）、『プロフェッショナルの働き方』（PHPビジネス新書）など多数。

ホワイト企業

サービス業化する日本の人材育成戦略

（PHP新書901）

二〇一三年十二月二十七日 第一版第一刷

著者――高橋俊介
発行者――小林成彦
発行所――株式会社PHP研究所
東京本部――〒102-8331 千代田区一番町21
新書出版部 ☎03-3239-6298（編集）
普及一部 ☎03-3239-6233（販売）
京都本部――〒601-8411 京都市南区西九条北ノ内町11
組版――有限会社エヴリ・シンク
装幀者――芦澤泰偉＋児崎雅淑
印刷所 製本所――図書印刷株式会社

ISBN978-4-569-81737-8

ＰＨＰ新書刊行にあたって

「繁栄を通じて平和と幸福を」(PEACE and HAPPINESS through PROSPERITY)の願いのもと、ＰＨＰ研究所が創設されて今年で五十周年を迎えます。その歩みは、日本人が先の戦争を乗り越え、並々ならぬ努力を続けて、今日の繁栄を築き上げてきた軌跡に重なります。

しかし、平和で豊かな生活を手にした現在、多くの日本人は、自分が何のために生きているのか、どのように生きていきたいのかを、見失いつつあるように思われます。そして、その間にも、日本国内や世界のみならず地球規模での大きな変化が日々生起し、解決すべき問題となって私たちのもとに押し寄せてきます。

このような時代に人生の確かな価値を見出し、生きる喜びに満ちあふれた社会を実現するために、いま何が求められているのでしょうか。それは、先達が培ってきた知恵を紡ぎ直すこと、その上で自分たち一人一人がおかれた現実と進むべき未来について丹念に考えていくこと以外にはありません。

その営みは、単なる知識に終わらない深い思索へ、そしてよく生きるための哲学への旅でもあります。弊所が創設五十周年を迎えましたのを機に、ＰＨＰ新書を創刊し、この新たな旅を読者と共に歩んでいきたいと思っています。多くの読者の共感と支援を心よりお願いいたします。

一九九六年十月

ＰＨＰ研究所